BLOOD SACRIFICE TO THE SEA

THE WORLD CLASSIC NAVAL WARFARE RECORDS

血祭沧海

世界经典海战实录

刘丙海 黄学爵 编著

金盾出版社
JIN DUN CHU BAN SHE

内容提要

本书以 20 世纪海上争战的客观进程和时间顺序为基本线索，遴选了 20 世纪以来发生在世界各大洋上著名的海战。对各海上强国参与的每一场大战例，极力用纪实的笔法作全景式扫描。不仅展现了百年海战的奇幻风云，而且还详细地记录了海战的基本形式与成败得失；不仅汇集了散见于各国军事档案中的珍贵史实，而且还披露了大量鲜为人知的内幕秘闻。

图书在版编目（CIP）数据

血祭沧海：世界经典海战实录／刘丙海，黄学爵编著．—北京：金盾出版社，2015.9（2023.8重印）

ISBN 978-7-5186-0449-4

Ⅰ．①血…　Ⅱ．①刘…　②黄…　Ⅲ．①海战—战争史—世界—通俗读物　Ⅳ．①E19-49

中国版本图书馆 CIP 数据核字（2015）第 173953 号

金盾出版社出版、总发行

北京太平路 5 号（地铁万寿路站往南）

邮政编码：100036　电话：68214039 83219215

传真：68276683　网址：www.jdcbs.cn

三河市恒彩印务有限公司印刷、装订

各地新华书店经销

开本：787×1092　1/16　印张：17　字数：272 千字

2015 年 9 月第 1 版　2023 年 8 月第 3 次印刷

印数：1~8 000 册　定价：34.00 元

海战的基本类型是海上进攻战和海上防御战。通常由海军诸兵种协同进行，有时也可由海军某一兵种单独进行。作战样式有：海上机动编队的进攻战和防御战，潜艇战和反潜战，海上封锁战和反封锁战，海上破交战（破坏敌方海上交通线）和保交战（保护我方海上交通线）等。其基本目的是消灭敌方海军兵力，夺取制海权。重要海战的胜负，对某一海洋战区战局的转变，甚至对战争的进程产生重要的影响。

最早的海战记录为古代埃及人用成捆的芦苇制作战船在地中海和尼罗河上的战斗，此种战船通常由一人负责撑船另一人负责投石。我国最早记载的海战为公元前485年（周敬王三十五年），吴国与鲁国组成联军从海道进攻齐国。中世纪时期的战船通常是使用大型风帆战船，以弓箭作为武器在海上战斗，有时还会发动撞击战和接舷战。

20世纪是一个充满了火药味的世纪。从1900年中国抗击八国联军入侵，到最近刚结束的海湾战争，其间共发生大大小小的战争400余起。在1914年～1945年的31年间，人类还经历了两次大浩劫。两次世界大战对人类文明和社会财富的破坏程度，可以说是到了登峰造极的地步。正如一位哲人所说："战争曾深刻地影响了人类历史的进程。"

人类进入20世纪以后，当铁甲舰成功制造出之后，人类海战史发生重大改变，驱逐舰、潜艇、航空母舰的出现更是为海战增添了新的兵种。

1

　　第一次世界大战时期各大军事强国都淘汰了木制的风帆战船而改用最新式的铁甲战舰，同时还有可发射鱼雷的驱逐舰和潜艇，这些火力强大、装甲厚的战舰成了第一次世界大战时期海战的主要舰只。1916年5月31日至6月1日的日德兰海战成了第一次世界大战时期最大规模的海战。

　　第二次世界大战前、中期仍然使用战列舰、驱逐舰、潜艇等传统战舰作为海战武器。大西洋战场上德军的"狼群"战术潜艇战将大西洋海战的激烈发挥到极致。到了第二次世界大战后期，航空母舰的出现改变了海战的战斗方式，特别是在太平洋战场，中途岛战役中美军仅仅依靠航空母舰的舰载机就击沉了日军的4艘航空母舰，而日军的武藏号、大和号战列舰都先后在没有与美军舰船直接战斗的情况下被美军舰载机击沉。

　　随着航空母舰在第二次世界大战时期的优异表现，通过舰炮对攻的传统海战模式逐步淡化，转而主要使用航空母舰的舰载机，以及舰对舰导弹进行海战，因此战列舰这种专职舰炮攻击的海战舰船就此退役。20世纪50年代以来，海军装备了导弹武器，舰艇采用了新型的常规动力和核动力，飞机采用了喷气动力和垂直／短距起落技术，出现了全球海洋卫星监视系统和远距离的探测设备，指挥、操纵和武器控制日益自动化。现代条件下的海战在战术上也发生了很大变化，战役和战斗的突然性和速决性空前增大。1982年的英阿马尔维纳斯群岛战争是现代海战的典型。随着导弹、核武器的发展，水面舰艇、潜艇、海军航空兵等装备的不断更新，防潜、防空兵力的加强，海战将会继续出现新的内容。

　　在浩繁的战史长卷中，"海战"卷是一部重头巨著。本书以发生在20世纪的经典海战为主，以图文并茂的形式，还原当时历史的真实性，让每一位读者能够感受到战争的残酷性，从而更加珍惜现在来之不易的美好生活！

第一章

决战对马

　　对马海峡海战（1905年5月27日～
28日），日本称为"日本海海战"，是1905
年日俄战争中在朝鲜半岛和日本本州
之间的对马海峡所进行的一场海战。
战役以东乡平八郎海军大将指挥的日
本联合舰队摧毁了罗日杰斯特文斯基
海军中将指挥的俄国第2太平洋舰队
2/3的舰只，而自己仅损失3艘鱼雷
艇，日方大获全胜而告终，俄国第2
太平洋舰队几乎全军覆没。这是海战
史上损失最为悬殊的一场海战。

❖ 小档案 ❖

作战时间：1905.5.27 ~ 28

海战地点：对马海峡

交战双方：俄国 日本

主要指挥官：东乡平八郎（日） 罗日杰斯特文斯基（俄）

战斗结果：俄军损失舰艇共 28 艘，阵亡 4830 人，被停 6106 人；日军仅损失 3 艘鱼雷艇，亡 117 人，伤 587 人。

导火索

　　中日甲午战争结束后，俄国为遏制日本势力在华蔓延，而联合法、德两国迫使日本向中国归还辽东半岛，俄国自以为还辽有功，强压中国清政府同意它修建横穿东北的铁路，并将辽东半岛租借给它。整个中国东北和辽东半岛处于了俄国的势力范围内。对此心有不甘的日本，利用从中国获得的巨额战争赔款大力扩充军备，并于 1902 年 1 月 30 日和英国缔结军事联盟，共同在远东抗衡俄国。在军事实力逐渐增长，且又有英国支持的情况下，日本开始向俄国挑衅，要求俄国承认日本在朝鲜的"占优势的利益"。此时的俄国政府正处在国内革命的压力下，而日本的挑战在俄国政治家看来，正好是"民众骚动的避雷针"，于是断然拒绝了日本的要求。因为有英国做后盾，又加上担心俄国横亘西伯利亚的铁路即将完工，日本政府便施展其一贯伎俩，于 1904 年 2 月 8 日对旅顺港内的俄国舰队发动偷袭，日俄战争由此爆发。

　　战争开始后，俄国太平洋舰队接连失利，杰出的海军将领马卡洛夫在旅顺口海战中与舰同沉。为了扭转在远东的不利局势、重新夺回制海权，俄国政府决定在波罗的海舰队内组建出一支特混舰队，前往远东。这支费时4个月，由7艘战列舰、6艘巡洋舰、9艘驱逐舰及一些辅助舰船组成的舰队，被命名为太平洋第2舰队，由罗日杰斯特文斯基中将统帅，于1904年9月26日踏上了不归的航程。

实力 PK

日本舰队编成

第1战队："三笠"（旗舰）、"敷岛""富士""朝日""春日""日进"；

第2战队："出云""浅间""常磐""吾妻""八云""磐手"；

第3战队："笠置""千岁""新高""音语"；

第4战队："浪速""高千穗""明石""对马"；

▲"三笠"号旗舰

第5战队："严岛""镇远""松岛""桥立";

第6战队："须磨""千代田""秋津洲""和泉";

另有21艘驱逐舰、57艘鱼雷艇。

俄国舰队编成

第1分队："苏沃罗夫公爵""亚历山大三世""博罗季诺""鹰";

第2分队："奥斯利亚比亚""西索伊—维利基""纳瓦林""海军上将纳西莫夫";

第3分队："尼古拉一世""海军上将乌沙科夫""海军上将谢尼亚文""海军上将阿普拉克辛";

巡洋舰舰队："奥列格""阿芙乐尔""莫诺马赫""德米特里.顿斯科伊""斯维特拉娜""金刚石""珍珠""绿宝石";

另有10艘驱逐舰、8艘辅助船。

◀ "苏沃罗夫公爵"号旗舰

◀ "亚历山大三世"号

精彩回放

　　1905 年 5 月 27 日凌晨，在五岛列岛白濑以西 40 海里执行警戒任务的日本辅助巡洋舰"信浓"号，透过蒙蒙雾霭，依稀发现一艘向东航行的舰船的灯光。"信浓"号驶近观察，于 4 点 45 分发现左前方有几艘冒着黑烟的俄国军舰，便立即报告了舰队司令东乡海军大将。在五岛列岛以东巡逻的"和泉"号巡洋舰闻讯赶来，进一步侦察敌情。5 点 05 分，东乡向全舰队下令，火速驶往预定海域，展开待机。

　　6 点 30 分，俄舰"纳希莫夫海军上将"号在右舷方向发现"和泉"号，舰队司令罗日杰斯特文斯基海军中将遂令肌队排成两列平行纵队，企图强行通过对马海峡。9 点多钟，俄国舰队发现了日本第 5、第 6 战队，11 点后又发现了第 3 战队。"乌沙科夫海军上将"号向左舷大约 9000 米处的"笠置"号开炮，罗日杰斯特文斯基认为此举是白费炮弹，下令停止射击。正午时分，俄国舰队驶抵壹岐岛以北 12 海里处，以 23° 航向朝东北急驶。

　　13 点 30 分，日本军舰在俄国舰队的左前方出现，俄国瞭望手清楚地看到日舰排成纵队迎来。最前面的正是悬挂东乡大将旗的"三笠"号，随后是战列舰"敷岛"号、"富士"号、"朝日"号，装甲巡洋舰"春日"号、"日进"号和上村中将第 2 战队的战舰。日本舰队向西南开过来，俄国舰队向东北开过去，双方越来越近了。

　　俄国舰队成纵队行驶。此时，"苏沃洛夫公爵"号、"亚历山大三世"号、"博罗季诺"号和"曙光"号 4 艘主力舰离其余舰只很远。罗日杰斯特文斯基下令这几艘战列舰稍微左转，重新驶到整个舰队的前列，后面的军舰只好减速让它们"归队"。这样一来，使舰队发生了混乱。俄国舰队当时的意图是，摆出一字长蛇阵，先以头一艘军舰向敌人开火，而后面的各舰则依次加入战斗，前一艘舰离开战列，就由后一艘舰接替。正当俄国舰队混乱之际，东乡率领的第1战队于14点05分突然向左掉头，恰好处于俄舰大炮的射程之内。谁都知道，陆战可以充分利用地形，寻求制胜之道；而在海上双方都一样地面对一片汪洋，制胜的关键是要使舰队运动得宜。日本舰队此时突然掉头，冒有很大风险。后面的军舰因前面的军舰遮挡，不能对俄舰开火；而俄舰却可以趁日舰转向时，至少集中16门304毫米和40门152毫米炮向它猛攻。罗口杰斯特文斯基抓住这个战机，在战斗队形尚未展开之际，匆匆于14点08分下令各舰一齐开火。但这个命令却是有害的，它不利于炮手根据弹着点进行校正。虽然有几发炮弹击中了"三笠"号，由于俄国炮手不知是哪门炮打中的，因而无法校正火力，炮火对日舰威胁不大。日舰没有立即回击。

14时10分，日本第1战队与俄舰平行，造成了便于发扬人力和对俄舰的截击态势。它们这时集中火力，向相距6500米的"苏沃洛夫公爵"号和仍然悬挂费利克让海军少将旗的"奥斯拉比亚"号射击。日舰先以一炮进行试射，修正火力后迅速将射击诸元素通知各舰，接着，各舰开始放力射（即

◀ 对马海战双方交战的情景

正式射击），炮弹猛烈地倾泻到俄国军舰上。"奥斯拉比亚"号的3个高大烟囱顿时成了日舰射击的活靶子。日舰的第3发炮弹便击中了它。几分钟内，"奥斯拉比亚"号炮塔和前舰桥都中弹起火，水线处严重破损，海水涌进舱内。10分钟后，它完全丧失了战斗力，退出战斗。

15点10分，这艘"名舰"便头朝下栽进大海，舰上900多人，只有380人逃生。

日本联合舰队司令东乡平八郎，根据俄国舰队补给供应情况，断定俄国舰队将通过对马海峡直接前往海参崴，1905年5月20日东乡下令，全舰队进入战位，等待着俄国舰队的到来。5月25日，俄国舰队从中国台湾地区附近出发，26日到达上海附近，27日清晨进入对马海峡，钻进了日本舰队的包围圈。

27日清晨4时45分，日本辅助巡洋舰"信浓丸"发现了俄国舰队，5时5分，东乡下令全舰队出击，1小时后日本舰队开始尾随俄国舰队前进，在中午11时15分双方进行了试探性的交火，其他整个上午日本舰队都像幽灵始终伴随着俄国舰队，给俄国官兵带来极大精神压力，本已不高的士气更显低落。中午11时30分，俄国舰队司令罗日杰斯特文斯基下令改变阵形，以利战斗，命令第1、第2分队加速到11节，行驶到另一个纵队前面，由于没有同时下令另一纵队减速，整个俄国舰队的阵形陷入混乱。下午1时30分，日、俄双方接近距离至10海里，而俄国舰队尚未把混乱的阵形恢复。1时55分，东乡平八郎模仿特拉法尔加海战时的纳尔逊，发出"皇国兴亡在此一战、各员奋励努力"信号，下午2时5分，为获得有利攻击阵位，东乡毅然下令敌前大转向，即著名的"U"型转弯。2时8分，俄国舰队旗舰"苏沃罗夫公爵"向日本舰队开火，2时11分，完成转向的日本舰队旗舰"三笠舰"发炮还击，双方主力舰在6000米距离内开始炮战，对马海战正式开始。

日本舰队利用16分钟时间完成"U"型转向后，渐次采用抢占T字横头的战术穿过俄国舰队，向俄国先头战舰攻击。在日本舰队地转向过程中，俄国舰队曾打伤了日本两艘装甲巡洋舰"出云""浅间"，但在转向完成后，日本舰队利用其较高的航速和射速以及火炮弹药威力方面的优势，渐渐夺取了战场主动权，俄国舰队旗舰"苏沃罗夫公爵"号遭到日方炮火的集中猛烈射击，下午2时20分，船舵被打坏，军舰失去控制，舰队司令罗日杰斯特文斯基也身受重伤，全部上层建筑都被打烂的"苏沃罗夫公爵"被迫退出战列在海面上漂浮，俄国舰队陷入没有指挥的混乱局面。

俄国第2分队的旗舰"奥斯利亚比亚"遭到6艘日本军舰的集中轰击，遭到重创，不久后，其舰艇吃水线附近被撕开一道裂口，海水不断地涌入，舰艇开始下沉，下午3时30分左右沉没，全舰900名官兵幸存300余人。此后，失去统一指挥的战列舰"亚历山大三世""博罗季诺""鹰""西索依—维利基"也先后被重创。

在战列舰进行交战的同时，双方的巡洋舰也在激烈交锋。巡洋舰交火约从下午2时45分开始，主要是在日本第3、4战队和俄国巡洋舰分队之间展开。战斗中，日本3艘巡洋舰被重创，俄国数艘辅助船发生火灾。

至下午4时左右，俄国舰队败局已定，前往海参崴的航道也已被封锁，由于双方舰队在烟雾中经常失去接触，航线混乱，双方开始了混战。4时45分，日本第5、6战队投入战斗，不久，俄国巡洋舰"斯维特拉娜"号被击沉，另一艘旧式巡洋舰"顿斯科伊"顽强地抵抗了6艘日本巡洋舰的围攻，

◀ 日本舰队

▶ 俄国 "博罗季诺" 号

并击伤了其中的两艘（"浪速" "音羽"），后来为了避免被俘而由船员自行凿沉。"奥列格" "阿芙乐尔" "珍珠" 及其他几艘驱逐舰、辅助船，向北突围不成，便一直南下逃往菲律宾。

　　双方的主力舰在下午 4 时 45 分、5 时 30 分曾两次相遇，但俄国战舰都受了重创，无法发起有力地攻击，结果 3 艘战列舰相继被击沉。晚 7 时，被打得千疮百孔的 "亚历山大三世" 号战列舰沉没，舰员全部遇难，10 分钟后，"博罗季诺" 号弹药库被日本 "富士" 号击中，弹药库被摧毁，并引起了锅炉爆炸，当即下沉，全舰官兵仅 1 人获救。在海上漂浮的旗舰 "苏沃罗夫公爵" 依然遭到日方炮击，俄国驱逐舰 "狂暴" 号冒险靠近旗舰，接走舰上伤员，其中包括舰队司令罗日杰斯特文斯基。7 时 20 分，日本驱逐舰发射鱼雷将 "苏沃罗夫公爵" 号最终击沉，全舰幸存 20 人。

　　晚 7 时 30 分，日本所有重型舰只撤出战场，准备用鱼雷艇和驱逐舰发起夜间攻击，白天战斗告一段落。

　　晚 7 时 30 分至次日凌晨 5 时，日方 21 艘驱逐舰、37 艘鱼雷艇向残余的俄国舰只发起鱼雷攻击，俄国第 3 分队因接受过反鱼雷进攻训练，因而大都幸存下来。而第 2 分队的舰只大部被击沉，"西索伊—维利基" "海军上将纳西莫夫" "纳瓦林" 先后被鱼雷击沉，旧式装甲巡洋舰 "莫诺马赫" 在舰艏被鱼雷炸掉的情况下，仍顽强地击沉了向它发射鱼雷的日本鱼雷艇，后因伤势严重，于凌晨5时由舰员自行凿沉。

28日清晨5时过后，残余的俄国舰队缓缓地朝海参崴方向行驶，但在上午9时，再次被日本舰队包围，遭到日舰猛烈地炮击，担任俄国舰队司令的涅鲍加托夫海军少将决定投降。10时53分，"尼古拉一世""海军上将阿普拉克辛""海军上将谢尼亚文""鹰"等4艘战列舰投降，而日本舰队在看到俄方投降信号后，依然进行不人道地炮击，直到俄国军舰挂出日本旗为止。载有舰队司令罗日杰斯特文斯基的"鲁莽"号也向日方投降。但其余的舰艇或进行了抵抗后被击沉，或成功逃走，"海军上将乌沙科夫"号上的俄国官兵看到日本的劝降信号后，毅然用炮火做了回答，最后为了不让这艘用俄国著名海军将领命名的战舰落入敌手，舰长下令自行凿沉，巡洋舰"绿宝石"号在逃往海参崴的途中触礁，被舰员炸沉，余下几艘分别逃往上海、马尼拉、马达加斯加等中立国及地区港口，最终逃回海参崴的只有巡洋舰"金刚石"号和另2艘驱逐舰。对马海战至此结束。

沙场点将

东乡平八郎

东乡平八郎（1848年～1934年），日本海军元帅、海军大将、侯爵，与陆军的乃木希典并称日本军国主义的"军神"。幼名仲五郎，15岁元服时改名平八郎实良。其父东乡吉左卫门热心于海军，对东乡平八郎有很大的影响。在对马海峡海战中率领日本海军击败俄国海军，成了在近代史上东方黄种人打败西方白种人的先例，使他得到"东方纳尔逊"之誉。由于

◀东乡平八郎

他战功显赫，受到日本和英国的奖励。1906年，英国授予他大英一等勋章；1907年，日本封他侯爵头衔，并于1913年晋升为海军元帅。他成了日本军阀推崇的一个榜样，被捧为日本"国宝"。

罗日杰斯特文斯基

罗日杰斯特文斯基（1848年～1908年），毕业于哈伊洛夫斯基炮术学校，年轻时，他曾参加过1877年～1878年的俄土战争，在斯丁基海战中立过战功，得过勋章。不过，1901年，他在波罗的海舰队仍只是个不大知名的指挥官。在尼古拉二世与德皇威廉二世亲自参观的一次演习中担任炮击演习的指挥官。在舰炮实弹射击中，竟将预设在岛上的靶标安装上引爆装置，以"惊人的命中率"博得了来访者的赞扬。这也开始了他在军中地位的飙升。他为沙皇所赏识，从此便青云直上。1903年，以少将衔破格当上了俄国海军总参谋长；1904年，又擢升为侍从将官。在他担任增援舰队司令时年56岁，正处于担任这个职位的最佳年龄。对马战败被俘，于1906年初被遣返回国，受到军事法庭的审判，被判处死刑，后来改为10年监禁，于1909年默默无闻地死去。这位败将在法庭上以大量事实揭露沙俄海军内部的腐败与无能，指出这样一支拼凑起来的几乎没有经过训练的舰队根本无力和日本作战。他在法庭上说的一句话"狗是干不了需要马来干的活的"，倒是十分耐人寻味。

相关链接

"三笠"号舰

该舰为"敷岛"级的第4艘舰，1899年8月10日开工，1900年11月8日下水，1902年3月1日竣工，1905年9月11日在佐世保发生事故沉没，后被打捞修复，此后一直服役至1923年，1926年被改造成纪念舰，保存至今。

舰船长131.7m、宽22.9m、吃水8.28m、排水量15 140吨、2座往复式蒸汽机，双轴推进，主机功率 15 000 匹马力，航速 18 节，编制 859 人。

装备 305mm 双联装主炮炮塔 2 座、150mm 炮 14 门、76mm 机关炮 20 门、47mm 机关炮 12 门、450mm 鱼雷发射管 4 具。

"沃罗夫公爵"号舰

这是一艘沙俄海军"活泼"级舰队驱逐舰，该级舰 1901 年～1904 年共建造 22 艘，350/400 吨，64×6.4×2.59m，4 台亚罗锅炉，往复式蒸汽机，5700 马力，最大时速 26 节，续航力 1200 海里/12 节，装备 1×75mm 炮，5×47mm 炮，3×381MM 鱼雷，编制 69 人。

1905 年 5 月 27 日，日俄对马海战爆发，沙俄第 2 太平洋舰队被击溃。隶属第 1 分队的活力号率先展开对被击沉的奥斯利亚比亚号战列舰的幸存水兵的搭救，由于日军巡洋舰的炮火而被迫逃离，折返后发现下沉的舰队旗舰"苏沃洛夫公爵"号，活力号将舰队司令罗日杰斯特文斯基援救到舰上，但由于活力号已负伤而且存煤不足，罗日杰斯特文斯基后被转移到同级舰"淘气"号。而活力号由于伤重于与 1905 年 5 月 28 日准备自爆沉没，但并未爆炸，后被同行的巡洋舰"季米特里·东斯科依"击沉。

"博罗季诺"号战列舰

该舰属于"博罗季诺"级，1901 年下水，排水量 15 275 吨，主机功率 15 800 匹马力，航速 18 节，双联装 305mm 主炮炮塔 2 座，150mm 炮 8 门。其设计为艏楼船型，全长 114.6m、舷宽 23.2m、吃水 8m，标准排水量为 13 500 吨。20 台燃煤锅炉发出的蒸汽驱动两台蒸汽机，主机的最大功率输出能达到 16 500 马力。同时，由于设计能装载煤炭 2000 吨，因此以 10 节航速航行时航程远达 8500 海里。如此巨大的航程，在以往的俄国自建战舰中，是从未有过的。

"出云"舰

日本遣华第3舰队的旗舰"出云"号是英国阿摩斯特朗厂所建造的装甲巡洋舰，于1898年5月开工，1899年9月25日下水，1900年9月1日完工，当时列为一等巡洋舰，本舰排水量9750吨，水线长132.28m，宽20.94m，吃水7.37m，燃煤锅炉主机双轴推进，14 500匹马力，煤炭搭载量1 412吨，速率20.75节；外观特征为有3支烟囱。

本舰为装甲巡洋舰，全舰各处包覆厚重装甲譬如在主水线带88mm～175mm，上部水线125mm，甲板67mm，炮塔150mm，炮郭150mm，司令塔75至380mm；火炮兵装为双联装6时炮塔两座4门，6时速射炮单装14门，12磅单管速射炮12门，2.5磅单管速射炮8门，18时鱼雷发射管4门，探照灯5具，总乘员额672人，同级舰有"盘手"。

1937年因中日战事紧张，日军将华北与华东两支舰队整合成为第3舰队，由长谷川清中将担任司令，并将"出云"舰从日本本土调来上海担任第3舰队的旗舰，这是本舰生涯中最辉煌的一段。"出云"舰在1937年8月的上海战役中成为中国海空军的第一目标，曾遭受飞机投弹及鱼雷快艇地突袭，不过并未受到致命损伤。

战役结果及影响

对马海战日本获得空前胜利，俄国波罗的海舰队、太平洋舰队几乎被全歼，俄国一夜之间从海军强国的位置上跌落下来，包括辅助船在内，俄国舰船损失达20多万吨，12艘战列舰中，8艘沉没、4艘被俘；8艘巡洋舰中，3艘沉没、1艘遇难、3艘被第三国扣留、仅1艘逃回海参崴；俄国海军官兵阵亡4830人，被俘5917人，另有1862人在中立国被扣留。而取得这一战果的日本仅付出了 3 艘鱼雷艇沉没、117 名官兵阵亡的微弱代价。

对马海战的失败，使沙皇彻底失掉了国内的支持，把俄国国内本已十分高涨的革命运动进一步推向高潮，而日本虽然取得胜利，但其国内资源濒临耗尽，于是，1905 年 9 月 5 日，双方在美国地调停下，签订《朴次茅斯和约》，和约规定：俄国承认日本在朝鲜的利益，放弃其在中国东北的特权，并将库页岛南部割让给日本，把辽东半岛租借权转交给日本，日俄战争正式结束。

对马海战是人类进入蒸汽钢铁时代以来最大的一次海战，对后世海军学术的发展产生了深远、长久的影响，海战中巨舰大炮再次展示了其威力，对马海战结束后不久，随着英国"无畏"舰的下水，各国又展开了一场海军军备竞赛。海战中日本海军战术的出色应用尤其引起注意，再次证明"机动、快速、灵活"是海军战术的灵魂。

第二章

血祭沧海
世界经典海战实录
BLOOD SACRIFICE TO THE SEA
THE WORLD CLASSIC NAVAL WARFARE RECORDS

科罗内尔猎杀
英国皇家海军

　　科罗内尔海战是德国海军的骄傲，也是英国海军史上最痛苦的回忆。第一次世界大战之初，德国海军的策略是保存实力并威胁英国本土，因此他们把主力驻在德国西北部的威廉港和基尔港基地，只是偶尔骚扰一下协约国的海上运输线。当时在世界各大洋，仅有 8 艘德国军舰在活动，其中由斯佩海军中将率领的东亚分舰队无疑是最强大的。

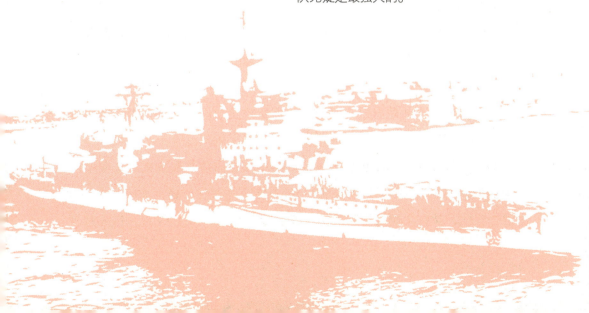

❀小档案❀

作战时间：1914.10.29 ～ 11.1

海战地点：科罗内尔

交战双方：德国 英国

主要指挥官：冯·施佩（德） 克拉多克（英）

战斗结果：英国的"好望角"号和"蒙默斯"号被击沉；德国的"沙恩霍斯特"号和"格奈森诺"号被击伤。

导火索

　　1914 年 6 月，第一次世界大战的战幕刚拉开，英国本土舰队就先声夺人，它凭借自己强大的实力优势，封锁了北海，把大部分德舰堵截在基尔港和威廉港内，从而掌握了战场上的主动权。在辽阔的大西洋、太平洋和印度洋上，德国人只有 8 艘战舰作战，其中 5 艘由德国海军中的枭雄——冯·施佩海军中将指挥。

　　施佩时年 53 岁。1900 年八国联军侵华时，他曾是德国海军陆战队的一名上校。他冷酷、凶残，镇压过义和拳运动。此时，他率领的东亚舰队，有 3 艘军舰——"沙恩霍斯特"号、"格奈森诺"号装甲巡洋舰和"纽伦堡"号轻巡洋舰，正在波纳岛附近洋面游弋，担负攻击敌国商船、炮击敌军事设施、摧毁敌通讯台站的任务，保护德国在太平洋上的殖民地。

　　然而，施佩面临的局势是严峻的。英国人在印度洋和远东，配置了由一艘战列巡洋舰、2 艘老式无畏舰、10 艘装甲巡洋舰和轻巡洋舰编成的 3 支混合舰队，并有 4 艘法国和俄国巡洋舰配合行动。8 月 23 日，日本对德宣战，参加了协约国，施佩又多了一个强大对手。他了解自己的处境，如果敌人通力合作，全力以赴地来对付他，他是难于一战的。所幸的是，一支英国混合舰队正奉命在印度洋上保护英国的商船；一支澳大利亚舰队在忙于夺取德国人在太平洋上的岛屿；而日本舰队更是野心勃勃，正在着手入侵当时被德军占领的青岛。与施佩周旋的，只有一支力量大致旗鼓相当的英国混合舰队。

迫于形势，施佩决定转移战场，到南美洲沿岸去攻击敌人的商船。沿途，"沙恩霍斯特"号、"格奈森诺"号和"纽伦堡"号向阿皮亚和塔希堤发动了攻击，战果甚微。直到10月12日才抵达复活节岛。这时，在墨西哥外海作战的"莱比锡"号和"德雷斯顿"号摆脱了英舰地追击，穿过麦哲伦海峡，从大西洋逃到这里。5艘军舰会兵一处，稍作整休后，便在施佩的指挥下，耀武扬威地向南开进。

对于"莱比锡"号、"德雷斯顿"号和施佩舰队会合的企图，英国人早有察觉。但是，英国海军部没有采取断然措施，未向南大西洋增派舰只，而只是命令克拉多克将军率领他的舰队封锁麦哲伦海峡。克拉多克有战舰5艘：装甲巡洋舰"好望角"号，"蒙默思"号，轻巡洋舰"格拉斯哥"号，辅助巡洋舰"奥特朗托"号和老式无畏舰"卡诺帕斯"号。"卡诺帕斯"号速度慢，主机又出了故障，不能随同舰队行动，只好用作支援舰只。

▶ "莱比锡"号巡洋舰

不久，克拉多克由于担心智利沿岸的英国商船会遭到德舰的肆意杀戮，便贸然穿过麦哲伦海峡，驶进太平洋后率部北上。于是，英国军舰和德国军舰在科罗内尔爆发了海战。

实力 PK

英 国

"格拉斯哥"号巡洋舰　　　　　"好望角"号巡洋舰

"蒙默斯"号巡洋舰　　　　　　"奥特朗托"号巡洋舰

"卡诺帕斯"号巡洋舰

德 国

"德雷斯顿"号巡洋舰　　　　　"沙恩霍斯特"号巡洋舰

"格奈森诺"号巡洋舰　　　　　"莱比锡"号巡洋舰

"纽伦堡"号巡洋舰

▲"格拉斯哥"号巡洋舰

精彩回放

克拉多克的决心

1914年10月29日，英舰中速度较快的"格拉斯哥"号奉命前出至智利港口克罗内尔以南搜索。31日，"格拉斯哥"号截获了一艘德国军舰与补给船之间的电报，克拉多克认为这艘军舰正是从大西洋逃出来的德舰"德雷斯顿"号并断定它正在单独活动，他立即命令"格拉斯哥"号与舰队会合后一起向北开进。11月1日，4艘英舰正以30千米的间隙呈扇形向北搜索前进，下午4时20分，较突前的"格拉斯哥"号在右舷前方发现一缕烟技。舰长约翰·卢斯判断这就是"德雷斯顿"号（实际是"莱比锡"号）并立即向旗舰报告，克拉多克大喜过望，对付一艘轻巡洋舰他很有把握。但20分钟后，卢斯传来令人震惊的消息：至少有两艘装甲巡洋舰与轻巡洋舰在一起。克拉多克在心中把双方的实力进行了一番对比：施佩的"沙恩霍斯特"号和"格奈森诺"号都是1907年建造的新式巡洋舰，装8门210毫米和6门150毫米火炮，优良的制造技术使这些火炮在风浪中能快速准确地射击，施佩手下的水兵又以炮术精湛著称；而英舰"好望角"号建于1902年，装有4门234毫米火炮和16门152毫米火炮，火炮口径虽大但射程、射速和瞄准性能均远逊于德舰。"蒙默斯"号建于1903年，仅有14门152毫米火炮。更糟的是两舰上的舰员大多是技术生疏、缺乏经验的义务兵和士官生。"奥特朗托"号则是一艘由定期班轮改装的战舰，战斗力根本比不上1911年服役的新式轻巡洋舰，速度较快，但仅有2门152毫米火炮且无装甲保护，用于对付德国轻巡洋舰尚可，却无法与其主力舰抗衡。由于英舰航速并不比德舰低且距离较远，克拉多克可以向南撤退，待与"卡诺帕斯"号会合后再与施佩一搏（"卡"号有 4 门 305 毫米巨炮，此时正以 12 节的速度在 300 千米以外蹒跚而行），但克拉多克不愿等上临阵脱逃的罪名而辱没皇家海军的声誉，更担心一旦丢失目标再难找施佩。因为皇家海军能进行全球快速部署，所以只要能将敌舰的战斗力大大削弱，即使牺牲自己，后续赶到的主力舰队也能轻易地找到并歼灭这些无所依托的敌人。这种战法在皇家海军中屡试不爽，两次出现在海上大战中，霍兰中将面对"俾斯麦"号、哈伍德中将面对"格拉夫·施佩"号，都是抱着这种信念向强大的敌人挑战的。所以克拉多克决心一战。

英舰先向东行驶以靠近德舰，在 5 时左右收拢扇形编队，一齐向旗舰"好望角"号集中，5 时 47 分集结成纵队，由"好望角"号领军，"奥特朗托"号殿后，"蒙默斯"号和"格拉斯哥"号居中，然后英舰向南转向与德舰航线近平平行。

巧合的是，德方正是"莱比锡"号率先发现了"格拉斯哥"号。施佩对在此时此地遇上一只英国舰队也吃惊不小，但他的位置较为有利，而且已列好战斗纵队，由前向后分别是"沙恩霍斯特"号、"格奈森诺"号、"莱比锡"号和"德雷斯顿"号，"纽伦堡"号则位于 50 多千米外的北方，正从它的补给站瓦尔帕莱索匆匆归队（4 时 40 分，施佩命令向西南方向行驶。6 时 4 分将航向向南调整与英舰并行）。

一边倒的战斗

6 时 18 分，克拉多克将航速提至 17 节，并向遥远的"卡诺帕斯"号发电："我将攻击敌舰。"此时太阳仍在海平面上，阳光将德国炮手刺得眼花缭乱，光线对英舰有利，可惜双方相距 15 000 米，都在对方射程之外。6 时 55 分，情况逆转，太阳落入海面，余晖将英舰的身影清晰地映在地平线上，而德舰却隐没在渐浓的夜幕中。克拉多克一不做二不休。于 7 时整带队向东南方向疾驶以期迅速缩短双方距离并用近战与施佩一搏。7 时 30 分，双方相距 11 300 米，施佩命令用 210 毫米主炮向英舰开炮，"沙恩霍斯特"号与"格奈森诺"号分别对付"好望角"号和"蒙默斯"号，5分钟后英舰还击。施佩事后在一份简报中写道："风浪从舰艏袭来……观察与测距都严重受阻。因为海浪直扑舰桥，中部甲板上的150毫米地几乎无法瞄准目标。"德舰尚且如此，克拉多克这边的情况就更糟了，他只有4门234毫米火炮能够得着德舰。英军的火炮向东瞄准，而强劲的东南风使海浪猛扑炮口，炮手被飞溅的浪花遮住了视线，东方夜色中的德舰的方位只能从炮口闪光来判断，测距就更不用提了。英军从开战伊始就陷入了毫无还手之力的境地。

这是一场一边倒的战斗，德舰的第一次齐射就击中了英舰，"沙恩霍斯特"号的第三次齐射就将"好望角"号的前炮塔敲掉。到7时45分，多处中弹的"好望角"号从艏到艉燃起灼天大火。按施佩的计算，"沙恩霍斯特"号共击中它大约35次。但在交战的15分钟内。克拉多克在毫无希望的情况下，仍努力向德舰接近，也许他希望能发挥一下152毫米火炮和鱼雷的威力。在被打得不能动弹以前，他已将距离缩短至5200米。迫使已猜到他意图的施佩命令拉开双方的距离。7时50分，"好望角"号发生大爆炸，火焰蹿至600米高。7分钟后，这艘不走运的旗舰带着海军少将与900多名官兵沉入海底，无人幸免。另一边，"格奈森诺"号的第三次齐射将"蒙默斯"号前炮塔的顶部消去并引发大火。跟在后面的"格拉斯哥"号舰长卢斯看见它舰艏低伏，同时向右舷倾斜，全部火炮均被打哑。20时15分，"蒙默斯"号调整航向，向偏北方向缓缓驶去。它大概搞错了方向，因为北面是三艘德国轻巡洋舰。20时30分，"格拉斯哥"要向"蒙默斯"号发报："敌人在追击我们。"但没有回音，谁也不知道它发生了什么事。

施佩命令轻巡洋舰搜索残敌，20时58分，最北面一直还未参战的"纽伦堡"号发现了垂死的"蒙默斯"号，它的主桅上还飘着皇家海军的白色海军旗。冯·施荣伯格舰长立即驱前攻击，一通狂轰之后，"蒙默斯"号于21时18分沉没，全舰近700名官兵无一幸免。海战开始时，"格拉斯哥"号与"莱比锡"号一对一地决斗，而"德雷斯顿"号正在痛击"奥特郎托"号，后者显然不是对手，克拉多克命令它迅速脱离编队向西南布向撤退。"格拉斯哥"号被迫与两艘德国轻巡洋舰激战，渐渐不支，不久便被接连击中，在目睹了旗舰的覆灭和"蒙默斯"号被打残后，识时务的卢斯命令"格拉斯哥"号全速向西北逃跑直到脱离战场，然后向300千米外的"卡诺帕斯"号靠拢并向其发出了报丧电：旗舰被击沉，我编队已分散。格兰特舰长知道自己的航速慢，火炮射程也不如德舰，便在收容了"奥特朗托"和"格拉斯哥"号之后撤回了福克兰群岛。施佩因畏于"卡诺帕斯"号的305毫米巨炮，而且对眼前的战果也颇为满意，故只派速度较快的"莱比锡"号和"德雷斯顿"号向合恩角方面搜索，自己则率其余的三艘战舰喜气洋洋地返回中立的智利港国瓦尔帕莱索加煤和其他补给。战斗中"沙恩霍斯特"号被击中2次，无人伤亡，"格奈森诺"号被击中4次，3人负伤，其余舰只毫发无损。

沙场点将

冯·施佩

　　1861年6月22日，施佩出生在丹麦哥本哈根。1878年，年仅17岁的他就加入了德国海军，以候补军官的身份成为练习舰贝尼塔号的成员。1897年，任巡洋舰队第2分队副司令官兼参谋，并在两年后晋升为少校。1901年2月，施佩担任扫雷舰"塘鹅"号舰长。随后的1903年，他担任海岸防卫部长，并在接下来的两年里分别晋升为中校和上校。在担任了战列舰"巴登堡"号舰长一职后，施佩于1908年被任命为北海舰队参谋长。1910年，他在任上晋升为海军少将。1912年9月19日，转任包括"沙恩霍斯特"号、"格奈森诺"号装甲巡洋舰和"埃姆登"号、"莱比锡"号和"纽伦堡"号等轻型巡洋舰的德国海军东亚巡洋舰队司令，基地设在中国胶东半岛的青岛。同年12月4日停泊于上海时，在旗舰"沙恩霍斯特"号上晋升为中将。1934年，希特勒政府将一艘袖珍战列舰命名为施佩伯爵号以示纪念。

英国皇家海军

英国皇家海军，是英国的海上作战部队及英国海陆空三军中最古老的军种。在1692年到第二次世界大战之间，皇家海军曾是世界上最大、最强海军；并帮助英国成为18和19世纪最强盛的军事及经济强国；也是大英帝国的将影响力投送至全世界的重要工具。

现在，皇家海军仍是欧洲最大海军，在世界各国海军中远洋作战能力仅次于美国，也是世界上最先进的海军之一。亦为世界上为数不多的蓝水海军之一。它是大多数现代海军的先驱；许多英联邦和北约会员国如澳大利亚和新西兰等国的海军官兵仍到英国接受训练。

装甲巡洋舰

装甲巡洋舰是19世纪中期以后，世界舰船领域绽开的一朵奇葩。蒸汽战舰时代开始初期，只要装有水线带装甲的军舰一般都被统称为铁甲舰，只是根据吨位大小不等，而区分成一等、二等铁甲舰，因而日本早期的"比睿""金刚""扶桑"等军舰虽然吨位较小，仍因拥有水线带装甲而被归入铁甲舰一类。同时期的巡洋舰，起初并没有装甲，后随着设计的不断演变，逐渐开始增加防护，在用装甲甲板提高巡洋舰生存力的同时，英国海军率先提出在巡洋舰上使用水线带装甲的设想，但这种设计被认为对于当时只用于侦察、巡逻等辅助任务的巡洋舰过于奢侈，全无必要，而且还会加大军舰的重量，影响航速，因此遭到英国海军部否定。

对于拥有大量一等铁甲舰的海上霸主英国来说，增加一种带有水线装甲防护的巡洋舰确实没有过多吸引力。然而对海军实力单薄的国家而言，则意味着可以让造价较低的装甲巡洋舰来充当铁甲舰的角色，以较低的成本扩充海军实力。

▲ 日本的装甲巡洋舰

对海洋充满野心，但苦于国力不充，无法大量建造铁甲舰的俄国人最早领会到这一点，1870 年，俄国建造了世界上最早的水线带装甲巡洋舰，这级军舰和早期的巡海快船十分相似，唯一的区别就是它沿水线带装备了铁甲。在用以摸索技术的水线带装甲巡洋舰问世后不久，俄国人在后续的军舰上引入了铁甲堡设计，一时间，世界舰船设计领域发生了不小的震惊，原本巡洋舰只是辅助舰种，现在居然装上了类似铁甲舰的装甲。装甲巡洋舰虽然成本较高、航速不快，但是却有强大的生存力，可以胜任海战主力舰的角色，其实用价值不言而喻。自装甲巡洋舰诞生始，与其设计原理相近的二等铁甲舰的分类逐渐不再被使用，两种舰型归于一流。

战役结果及影响

　　由于这次海战，导致惟一有实力挑战皇家海军霸主地位的海军取得了初步的成功，这是英国人遭受了 9 月 22 日德国 "U-9" 号潜艇击沉 3 艘装甲巡洋舰后的又一次重大损失。由于这一次是在水面舰艇正面交战中的失利所以更使英国海军部大为震惊（当时有些皇家海军军官还认为用潜艇击沉对方水面舰艇是不耻之举)。"格拉斯哥"号的航海日志用相当浪漫的语调评价了这次战斗:"在整个战斗中,官兵行为完全值得钦佩,完美的纪律与镇静态度在受到大量炮火射击而无力作适当还击的令人难受的环境下依然如故。士兵的表现完全像在进行战争实习,当看不见目标时,火炮瞄准手主动地停止射击,没有炮火的迹象,'格拉斯哥'号的军官和全体水兵的斗志完全没有被所处逆境所削弱,这艘军舰可以很快恢复到今后对同一敌人的战斗中,这是我们全体一致的愿望。"

由于克拉多克的攻击导致他本人和1600多名部下丧生,很难用勇敢还是鲁莽来形容他的举动。英国海军大臣阿瑟·鲍尔弗对此评论说:"如果海军少将克拉多克认为只要能摧毁这支敌方舰队,他自己和他的部下牺牲也是值得的,那么无论谁都会说:他表现出最大的胆量。但我们永远也不会知道他的想法,因为他显然未能成功,他和他勇敢的同伴葬身于遥远的他乡。但他们也得到报偿,他们的埋葬地是海军英雄建立了伟大业绩的永生之地。"

德国人显然赢得了一场战术上的胜利。消灭了2艘英国巡洋舰和舰上士兵,而施佩的舰队只被无足轻重地命中6发,只有2个人受伤。德国将军以其优势兵力采用了狡猾的计谋,还巧妙地利用了位置、光线、大风和海浪。克拉多克虽然战败了,但也减少了德国人继续取胜的机会,因为施莱的分舰队把208毫米口径大炮的弹药消耗了42%,而在这一地区又根本得不到补充。

英国海军部一收到科罗内尔海战的坏消息,马上决定不再把

▲ 第一次世界大战中的德国潜艇

战列巡洋舰增援部队只用于本土附近水域了。科罗内尔海战前两天，刚刚被丘吉尔重新任命为海军部第一大臣的约翰·阿巴斯诺特·费舍尔勋爵命令海军中将多夫顿·斯特迪勋爵率快速战列巡洋舰"无敌"号和"坚强"号以最快的速度驶往福克兰群岛，英国情报部门估计施佩会在那里重新出现。同时为了支撑福克兰群岛的防卫力量，老"卡诺珀斯"号在斯坦利港轻轻搁浅，以保卫锚地。斯特迪的舰队于12月7日到达，与已经在那儿的6艘英国巡洋舰会合。

施佩已经缓慢地绕过南美洲的南端，又花了3天时间从他缴获的一艘加拿大帆船上加煤。他损失的时间再也挽不回来了。12月6日上午他召集舰长们开会。舰长们建议进攻斯坦利港以便摧毁那儿的无线电电台，俘虏英国总督，缴获那儿的库存煤。施佩接受了这一建议。这样，福克兰群岛海战爆发了。

第 三 章

■血祭沧海■
世界经典海战实录
BLOOD SACRIFICE TO THE SEA
THE WORLD CLASSIC NAVAL WARFARE RECORDS

日德兰海战

日德兰海战，德国称为斯卡格拉克海峡海战，是英德双方在丹麦日德兰半岛附近北海海域爆发的一场海战。这是第一次世界大战中最大规模的海战，也是这场战争中交战双方唯——次全面出动的舰队主力决战。最终，舍尔海军上将率领的德国公海舰队以相对较少吨位的舰只损失击沉了更多的英国舰只，从而取得了战术上的胜利；杰利科海军上将指挥的皇家海军本土舰队成功地将德国海军封锁在了德国港口，使得后者在战争后期几乎毫无作为，从而取得了战略上的最终胜利。

❦小档案❧

作战时间：1916.5.31 ~ 6.1

海战地点：日德兰半岛附近北海海域

交战双方：德国 英国

主要指挥官：莱茵哈德·舍尔（德国）约翰·杰利科（英国）

战斗结果：德国损失 3 艘战斗巡洋舰，3 艘装甲巡洋舰，8 艘驱逐舰沉没，伤亡 3085 人；英军损失 1 艘战斗巡洋舰，1 艘无畏舰，4 艘轻巡洋舰，5 艘驱逐舰，伤亡 6604 人。

导火索

　　第一次世界大战开始后，英国就以强大的主力舰队对德国进行海上封锁，使德国港口与外界的海运联系几乎全部中断。德国海军小分队不断地对英国军舰发动突袭，也利用潜艇击沉了大批协约国和中立国的船只，但始终未能突破强大的英国海军实行的海上封锁。

　　1916 年 1 月，德国海军的主战派人物哈德·舍尔海军上将被任命为德国公海舰队总司令。舍尔在战争爆发后一直主张对英国舰队发动大规模攻击。所以，他刚一上台，就咬牙切齿地说："英国舰队欺人太甚，一定要狠狠教训他们一顿才行！"尽管舍尔好战，但却不莽撞。他经过一番苦思冥想，制定了一个作战方案，想把英国皇家海军诱入德军主力舰队的埋伏区后再发动进攻。他的诱饵是命令希佩尔海军上将指挥一支海军中队出海巡航，自己则率领公海舰队的全部力量在 80.47 千米之后跟踪着。如果英国海军一旦袭击希佩尔，希佩尔便进行象征性地抵抗后就转舵后撤，将追击者引进舍尔主

▲ 德国海军基地威廉港港口建设场景

力舰队的射程内。与此同时，德国海军基地威廉港的无线电台继续用舍尔的旗舰"腓特烈大帝号"的呼号广播，使英国海军认为德国的主力公海舰队仍停泊在港内。

1916年5月30日，一份军事密报送到了英国海军司令杰利科面前："敌'吕佐夫'号等5艘战斗巡洋舰正沿日德兰海岸航行，途中不停发报，估计有异常军事行动。"于是，杰利科派遣英国战舰，前去迎敌，由此日德兰海战正式爆发。

实力 PK

英国舰队

28 艘战列舰   9 艘战列巡洋舰

8 艘装甲巡洋舰   26 艘轻巡洋舰

78 艘驱逐舰   1 艘布雷舰

1 艘水上飞机母舰

德国舰队

16 艘战列舰   5 艘战列巡洋舰

6 艘前无畏舰   11 艘轻巡洋舰

61 艘雷击舰

精彩回放

1916 年 5 月 30 日夜，黑幕沉沉，怒海滔滔。英国诱敌舰队在贝蒂将军指挥下拔锚驶离苏格兰港口罗赛斯。第 1、第 2 战列巡洋舰队熄灭灯光先行，第 5 战列舰队距它们 5 海里悄悄尾随。当夜，主力舰队司令官、英国海军上将约翰·杰利科勋爵率领主力舰队从苏格兰北方奥克尼群岛斯卡帕弗洛海军基地出发，开往东南方伏击地点。德国诱敌舰队司令官希佩尔将军也从杰得河口基地出发，开向日德兰半岛西海岸。舍尔海军上将的大洋舰队同时开往设伏海域。贝蒂的舰队刚出港，德国的巡逻潜艇就发现了。潜艇指挥官用电台报告了"敌人出动"的情报。该电文又被英主力舰队截获并破译。结果双方都以为敌人上了当，怀着紧张的心情开赴战场。

5 月 31 日下午 2 时 15 分。英舰"盖德利尔"号升起信号旗"发现敌舰"。同时，德军也认出了英舰，双方节节逼近。这时 6 艘英国舰只正从正西方插向德侦察舰队后部，企图截断其退路。他们不知道德军大洋舰队一直尾随着自己的侦察舰队，刚才的行动已使英舰陷于德军南北两队夹击的境地。然而，德军并未发现这一缺口而将计就计发动进攻，却只是循着刻板的诱敌方案行动，结果失去战机。下午 3 时 40 分，分散的英国第一、第二舰队汇合编成作战队形，根据英国海军传统，驶往东南上风方向，准备攻击。

　　15时48分，双方都进入大炮射程，距离14630米，巨炮雷鸣般地响开了。无数的炮弹，载着死亡越过开阔的水面散落在军舰周围。当时海上浪高雾重，英舰没有冒险突击，而是根据多格尔浅滩战斗经验，在远距离射击。英德舰艇实力为6∶5，虽然基本相等，但德舰按既定方针，往东南方向边打边撤，并不想久战。由于被德国巡逻潜艇吓怕了，英国第5战列舰队走"Z"形规避航线，迟迟未能赶到战场。

　　15时51分，德舰"吕佐夫"号打了几次齐射，就将"雄狮"号的副炮塔炸得粉碎。接着，德舰"毛特克"的一发炮弹也命中"雄狮"前甲板。贝蒂在弹雨中还未来得及修理"雄狮"，"雄狮"的X、Y两炮塔便相继被打哑。（英舰前方两主炮塔命名为A、B；中部为P、Q；后部为X、Y）16时整，伤势垂危的"雄狮"面临着极可怕的灾难，"卢琴福"打来的一发德国穿甲弹钻透"雄狮"的Q炮塔，在炮塔内爆炸。所有操炮官兵非死即伤，钢壁上到处是肉块和残肢。英军乱堆在炮塔内的发射药被引燃，熊熊烈火包围了升弹机。如果火沿着升弹机烧下去，就会钻进弹药舱引爆炮弹和发射药，引起大爆炸，那么26 000吨的英国旗舰连同舰队司令贝蒂就会呼啸着飞上天。这时，双脚被打断、身上多处负伤的炮塔指挥官哈维海军少校挣扎着，用双手爬着关死了炮弹舱和发射药舱的大钢门，拼命地打开进水阀，放进海水，连自己带炮塔一同淹掉，这样才熄灭了大火。（日德兰战役后，炮塔内部注水成了保持军舰生存的基本措施之一）由于哈维的奋不顾身行动，"雄狮"避免了毁灭。

　　英德舰队的后卫也投入激战。19 000吨的英国战列巡洋舰"坚决"号和德舰"冯·德·塔思"号进行着殊死决斗。280毫米的德国穿甲弹和305毫米的英国炮弹拖着橘色的尾迹流星般地在水雾中穿行，仿佛空中有一座火的桥梁。下午4时4分，德舰的交叉火力击中英舰"坚决"号。一枚德国穿甲弹穿透炮塔装甲，在炮塔内爆炸，立刻引燃乱堆的发射药。火势蔓延，大团的黑烟从炮塔破口中冒出来，越升越高……30秒后，火灾终于烧到炮弹舱，接着便是山崩地裂的大爆炸。上千吨的炮塔像一具玩偶被抛上60米的空中。

"坚决"号立刻左倾，翻转沉没。1017名皇家海军官兵随舰葬身海底。事后，在沉船漩涡中仅找到两人。

英舰，"雄狮"号负重伤后，黑色的浓烟几乎把它盖没了，它拖着一身创伤艰难地撤出战场。它的对手之一、德舰"塞德利茨"号调转炮口，瞄准另一艘英国战列巡洋舰"玛丽女皇"号轰击。"玛丽女皇"此刻正与德国战列巡洋舰"德佛林格尔"号杀得难解难分。在两艘德舰的夹叉射击下，"玛丽女皇"简直无法招架。16时20分，"玛丽女皇"Q炮塔被穿甲弹击穿，大炮无法操作。4分钟后，德舰"德佛林格尔"又打了一次齐射。"玛丽女皇"负伤的Q炮塔又中了3发炮弹。又过了2分钟，"塞德利茨"也打中"玛丽女皇"Q炮塔2发炮弹。这些炮弹穿过重重装甲，直到舱底才爆炸，把"玛丽女皇"粗壮的钢铁龙骨炸断。27 000吨的超级无畏舰"玛丽女皇"号竟像木制模型一折为二。它沉入水中时舰尾的螺旋桨还翘到空中，无可奈何地打着转。就在那一瞬间，"玛丽女皇"发出了震耳欲聋的水中大爆炸，腾起的黑烟直升云天，仿佛把1266名英军官兵的灵魂带到天国。那可怕的沉船漩涡几乎把赶来救人的英国驱逐舰"新西兰"

◀日德兰海战中
交战的情景

号也拖入深渊。

　　皇家海军精华——战列巡洋舰，在1小时内，竟被轰沉2艘，摧毁1艘，沉重打击了英军士气。舰艇减少，火力削弱，战局对英军越来越不利。下午5时，受到胜利鼓舞，一直后撤的德国侦察舰队突然转舵，反身扑向单薄的英国舰队。英舰队被迫后退，进行顽强的后卫战，眼看支撑不住正在千钧一发的时刻，姗姗来迟的英军第5战列舰队终于赶到海战战场，这才扭转了英国海军的颓势。看到英国战列舰前来助阵，德国海军驱逐舰分队出动攻击。英网驱逐舰为了保护重型水面舰艇也冲到阵前，双方轻型舰艇展开搏斗。德国驱逐舰队逼近后，一连发射了12枚鱼雷。英国第5战列舰队的司令官埃文·托马斯将军指挥笨重的战列舰都躲开了。英国驱逐舰向德军回敬鱼雷，由于距离远、航迹清晰，也被希佩尔将军躲过。

　　英国第5战列舰队投入战场后，形势逆转。德军受到大口径炮的威胁，重新向东撤退。英舰"巴勒姆"号的一枚381毫米巨型炮弹在德舰"冯·德·塔恩"号水线下舰体上凿开数米直径的大洞。600吨海水涌进船舱，"冯·德·塔恩"号舰尾沉入海面。幸亏德国军舰按照提尔皮茨理论设计加强了防水结构，"冯·德·塔恩"号终于控制了进水，但被迫撤出战斗。德舰"空德利茨"号也负了伤，一座炮塔被击穿起火，仅仅由于采取发射药严密保管的措施，才避免了火势蔓延引起的大爆炸。希佩尔的舰队在冰雹般的英国炮弹下，狼狈后撤，几乎陷入危局。士兵恐慌起来，只有希佩尔本人还保持镇静，他一直坚持着，号召官兵勇敢地忍受由于众寡悬殊带人的牺牲。他在等什么呢？一位德军舰测兵激动地喊起来："我们的大洋舰队终于来啦！"

　　英舰"南安普敦"号上的观测兵也发现了德国大洋舰队。它们大多是无畏级舰以前的战列舰和巡洋舰，大小共有70多艘，由舍尔海军上将直接指挥。贝蒂用无线电向杰利科海军上将报告："敌舰队在东南方。"下午4时半，贝蒂唯恐舍尔不敢上钩，下令全体英舰投入攻击行动。英国旗舰"雄狮"号经过不可思议地抢修，恢复了航行，继续进行舰队指挥。一群英军驱逐舰向负伤减速的德舰"塞德利茨"号发射鱼雷。"塞德刊茨"躲闪不及，舰首被鱼雷炸开一个大洞。在德国大洋舰队的密集炮火下，英舰"巴勒姆"挨了不少炮弹，死伤63人。英舰"马来亚"号上也有近百人死伤。贝蒂顶不住了，开始后撤，还不断在无线电中向主力舰队呼救。

杰利科海军上将指挥的庞大主力舰队成6队纵列，浩浩荡荡在海上航行。由于天气恶劣，导航系统精确度不高，采用"Z"宇航海术躲避德国潜艇，未能按时赶到战场。杰利科听到贝蒂呼救信号后，命令把全舰队航速从16节提高到20节。主力舰队的前锋是英国第3战列巡洋舰队。它在胡德海军少将指挥下经过高速航行，抢先赶到战场。

胡德的第3舰队还未到射击距离，就遭到10艘德国鱼雷艇地围攻，但所有鱼雷均被英舰躲开。当胡德找到挂着贝蒂将旗的"雄狮"号时，主动把第3舰队移交贝蒂指挥。胡德自己乘旗舰"无畏"号投入炮战，晚6时15分，太阳离海面不高了，杰利科上将的大舰队才从东北方向杀入被炮弹搅得沸腾了的交战海区。

杰利科上将看到德军大洋舰队成线性纵列布阵，决心采用大胆地横穿"T"字头战术。该战术的实施，要求舰队从敌舰队中央穿过切断敌人纵队。突破点选择在敌人旗舰上，这样可以一举摧毁敌舰队指挥中枢。自从纳尔逊上将在特拉法加海战中首次使用这一战术以来，英国海军军官们一直乐于其道。杰利科命令下达后，6列英舰并成一条长长的横列逼近德舰队。在黄昏的残阳中，德国驱逐舰如一群猎犬冲近英国舰队，准备齐射鱼雷，破坏了英军队形和战术企图。英军计划未能如愿，只好在远距离上和德舰互相炮战。

晚6时45分，德国舰队边打边向南方撤退。负伤的德舰"吕佐夫"号落在后面，成了英国远程大炮的靶子，它被打得像蜂窝，瘫在水面上不能动弹。英国第3战列巡洋舰队旗舰"无畏"号由于冲得位置过于靠前，遭到暴风雨般的德军炮弹打击。德舰"德佛林格尔"号的一枚穿甲弹引燃了"无畏"号火药库，一阵爆炸就断送了"无畏"号和胡德海军少将的性命。

另一艘英国装甲巡洋舰"防御"号也在希佩尔的密集炮击中起火，黑烟遮没了舰身，它被彻底摧毁了。在黄昏时的混战中，德国轻巡洋舰"维斯巴登"号也燃起大火，仅10分钟就被英军击沉。德国驱逐舰"s—35"号等轻型舰艇也被英军相继击沉击毁。晚7时，天色已黑。坐镇在旗舰"铁公爵"号上的英国海军上将杰利科看到在入夜前无法全歼大洋舰队，便决定先将它们包围起来等待第二天再吃掉。英舰队利用航速上的优势，从东南方向切入德国舰队和赫尔戈兰湾之间，截断了舍尔回港口的航路，形成包围阵式。

5月31日的日德兰海上之夜是一个鱼雷之夜。英军重型水面舰艇封锁德军航道，并派出大量驱逐舰和鱼雷艇夜袭德军。在白天远程炮战中插不上手的英军驱逐舰队大打出手，攻势猛烈。

沉沉黑夜，全部德国军舰都熄灭了灯光。它们不停地变换位置以逃避看不见的英国鱼雷。不少小型舰艇游弋在巨舰四周保卫大舰，结果自己中雷沉没。一些德国驱逐舰在暗中摸索着和英国人打仗，击毁了"提普拉尼"号驱逐舰等几艘英军轻型舰艇。鱼雷之夜真叫人提心吊胆。如果不能突围，天亮后德军的下场一定很悲渗。杰利科上将的优势兵力和火力将给大洋舰队以致命的一击。这一点，舍尔海军上将比谁都清楚。德国海军上将经过仔细研究制定出突围计划，德国大洋舰队旗舰"弗·德·格罗塞"号用灯光和无线电密码向全体德国军舰发出了突围命令："航向东南，突破英国舰队封锁"。德国舰队遵照舍尔上将命令，冒着纷飞的炮火和英国鱼雷，从英舰封锁线上杀开一条血路。夜1时45分，英国海军上校斯特林指挥的驱逐舰"福尔科奈"号射出的2枚鱼雷击中目标，德国旧战列舰"波迈仑"号被鱼雷引爆火药库，炸得稀烂，全舰无一人生还。德舰"埃尔宾"号中了鱼雷后失去操纵，为防止被俘自沉了。战列舰"吕佐夫"号在希佩尔将军撤离后也被德国海军自沉。大洋舰队抛下失去行动能力的德舰"黑王子"号等数艘舰只，终于穿过英国皇家海军用钢铁和火焰编成的牢笼。6月1日凌晨3时，全部德国舰队突破了英舰队封锁线，向杰得河口和威廉港驶去。杰利科率领英国舰队衔尾穷追。赫尔戈兰湾一带是军舰的墓地。为了防御英军海上袭击，德国海军开战以来就在那里布下无数颗水雷。水雷阵密密层层犹如迷宫。开战两年来，许多企图偷袭威廉港的英军军舰都在杰得河口的雷区寻到了自己的坟墓。只有德国海军高级将领才知道雷区间有一条很窄的秘密水路。在黎明前最黑暗的时候，东南方出现了两颗鬼火样的灯光，那是德军专门设在合恩礁上的两艘灯船。舍尔上将在"弗·德·格罗塞"号上最后校对了一下罗经方位，找到了那条神秘水道的入口。舍尔下令全体舰队通过雷区，一艘接一艘的德舰在黑暗中通过水道。英国舰队咆哮着鸣炮接近雷区，水中的危险如此之大，它们中任何一艘也不敢贸然闯入死神的迷宫。杰利科上将下令返航，浩大的日德兰海战结束了。

沙场点将

莱茵哈德·舍尔

莱茵哈德·舍尔（1863年~1928年），德国海军上将。哈德·舍尔于1879年加入海军成为一名见习军官，其后历任巡洋舰和战列舰指挥官。第一次世界大战爆发后，舍尔担任公海舰队第2舰队司令，后又担任德国海军装备最新、战斗力最强的公海舰队第3舰队司令。1916年1月，舍尔晋升为上将并获得了公海舰队的控制权。同年5月31日~6月1日，舍尔率领公海舰队参与了历史上最大海战之一的日德兰战役。

此战后，舍尔加入针对协约国的无限制潜艇战。1918年8月，舍尔被任命为海军部部长，弗朗茨·冯·希佩尔上将接替其在公海舰队的职务。两人曾计划对英国舰队发起最后攻势，但因厌战的水兵发动威廉港暴动而作罢。舍尔在第一次世界大战结束后退役。1919年，舍尔编著的回忆录出版，一年后又被译成英语并发行。1925年，舍尔自传出版。1928年，舍尔在马克特雷德维茨逝世，后被葬于魏玛。

约翰·杰利科

约翰·拉什沃思·杰利科（1859年～1935年），第一代杰利科伯爵，是英国皇家海军元帅。战前杰利科作为"费希尔帮"的一员，为英国海军贡献良多。

约翰·拉什沃思·杰利科出生在南安普敦一个英国商船船长的家里。1872年进入英国皇家海军。1882年他首次在埃及战争中服役。1888年晋升为上尉，1900年在镇压义和团运动中，他身负重伤。1905～1907年间，杰利科继约翰·费希尔爵士担任海军部军械署长。1908～1910年任海军部第三海军大臣。1914年第一次世界大战爆发时，他取代乔治·卡拉汉爵士被任命为英国大舰队司令，1915年晋升为海军上将。1916年5月31日日德兰海战开始，德国公海舰队陷入杰利科的重围，面临覆灭的危险。但因杰利科过于谨慎的指挥，使得德国舰队得以率部逃脱，杰利科因此受到各方批评。面对职责，杰利科说一针见血地指出："我们不能再一次舰队决战中留下任何碰运气的事，因为我们的舰队对英国的存在是一个，也是唯一一个至关重要的因素。"

1916年11月28日，杰利科取代亨利·杰克逊被任命为第一海务大臣，即海军总参谋长。1917年平安夜，被首相戴维·劳合·乔治解职。1919年，他晋升为海军元帅，并在12月获封为斯卡帕的杰利科子爵。1920~1924年间，杰利科担任新西兰总督，并于1925年获封杰利科伯爵和南安普敦的布罗卡斯子爵。

▶ 约翰·杰利科

相关链接

无敌号战列巡洋舰

世界首艘战列巡洋舰是英国的"无敌"号，为时任英国海军总司令（1904年～1911年、1914年～1915年）沙·约翰·费歇尔的构想。费歇尔热衷于单一大口径炮舰由来已久，在1903年的夏季，他就设想把正常排水量1.59万吨、装备16门254毫米口径主炮、航速21节的战列舰和正常排水量1.59万吨、装备16门234毫米口径主炮、航速25.5节的装甲巡洋舰的主炮口径统一为305毫米。1904年在他就任海军总司令仅两个月，就使这单一口径的巨炮设想在新造的英国"无敌"号战列舰上首先实现。

英国海军这一"理想战列舰"的设计蓝图出自意大利著名工程师托里奥·坎奈贝尔蒂上校之手，1906年按照这一蓝图建造的大舰巨炮型"无敌"号战列舰下水，在世界海军装备发展史上成为一座里程碑。"无敌"号战列舰排水量1.79万吨，配置10门305毫米口径巨炮，5具水下鱼雷发射管，水线部分、主炮塔等处敷设有279毫米的装甲，航速21节。

"玛丽女王"号战列巡洋舰

"玛丽女王"号战列巡洋舰原计划是作为狮级战列巡洋舰的三号舰建造的，玛丽女王号是狮级的改进型，尺寸比狮级略大，航速更快，装甲防护上也有少许改进。在外观上很难将她与狮级进行区分，因此多把其划归到狮级中。

玛丽女王号是英国皇家海军唯一一艘装备坡伦火控系统的主力战舰。得益于该系统的精确控制，玛丽女王号获得了皇家海军"最佳炮术战舰"的荣誉。玛丽女王号1911年3月6日在帕尔默船厂开工，1912年3月20日下水，1913年8月完工。造价2 078 491英镑。服役后编入大舰队第一次世界大战列巡洋舰队。1914年8月28日参加了赫尔戈兰湾海战。1916年5月31日参加日德兰海战，

▲ "玛丽女王" 号战列巡洋舰

在战斗中遭到德国战列巡洋舰德弗林格尔号与塞德利兹号集中射击，因主炮塔弹药库发生殉爆而沉没。1266名官兵中只有20人被驱逐舰救起。

德弗林格尔级战列巡洋舰

德弗林格尔级是德国海军全新设计的战列巡洋舰，1911年批准建造预算两艘，1912年至1913年间开工建造。采用高干舷平点击此处添加图片说明甲板舰型，舰艏具有明显的舷弧。德国海军首次在战列巡洋舰上采用305毫米口径主炮，主炮全部沿舰体甲板中线布置，较以往德国战列巡洋舰减少了一座主炮炮塔，舰体艏艉各布置两座，主炮拥有良好的射界。动力系统采用油煤混合燃烧型的锅炉。该级舰增加装甲厚度，防护区域扩大，水密隔舱数量增加，舯部水密舱采用双重纵向隔板。该级舰整体防护接近早期无敌舰的水平，展示了德国造船工业的高超技术水平。

战役结果及影响

日德兰海战是第一次世界大战最大规模海战，令德国最后一次主动突破协约国在北海对德国封锁的努力失败。自此，德国在第一次世界大战中不再以海军与协约国正面交锋，只能以潜水艇击沉舰艇，其后发展至无限制潜艇战。

海战后，舍尔在他给德皇的报告中说，德意志海军能"予敌以巨创，但……即使在公海上取得最有利的战果，也不能迫使英国和解……我们的地理位置与岛国相比的不利之处……不能靠我们舰队来补偿……"。

英国海军无力摧毁德国海军，从而粉碎了把波罗的海向俄国开放的一切希望，这也许加速了沙皇政府的垮台。在于 1916 年 11 月接替杰利科的一个月前，贝蒂就忧郁地承认，如果德国进攻丹麦，英国主力舰队不能提供什么援助。谈到海军力量的有效使用时，这位海军上将断言，"英国主力舰队的正确战略，不再是不惜任何代价力求使敌舰出战，而是使它留在基地，直到……形势变得对我们更为有利。"

然而就战略而言，德国海军没能打破英国的海上封锁，全球海洋仍然是英国海军的天下，大洋舰队困在港内毫无作用，仍然是一支"存在舰队"。英国损失的舰只，凭着强大工业经济力，很快得到补充，正如美国《纽约时报》所评论的那样："德国舰队攻击了它的牢狱看守，但是仍然被关在牢中"。

第四章

福克兰群岛大绞杀

　　福克兰群岛海战是 1914 年 12 月 8 日在第一次世界大战期间，德英两国分舰队在福克兰（马尔维纳斯）群岛（大西洋西南部的一个群岛）附近进行的一场海战。战斗持续 4 小时 50 分钟。战斗结果，德国除 1 艘轻巡洋舰和 1 艘医院船外，其余军舰全部击沉，英国军舰无一损失。福克兰群岛海战的胜利，使皇家海军不必再考虑殖民地的安全问题，能够全力以赴的在北海监视德国公海舰队。

❖小档案❖

作战时间：1914.12.8

海战地点：福克兰群岛

交战双方：德国　英国

主要指挥官：冯·施佩（德）　斯特迪（英）

战斗结果：德国被击沉4艘战舰和2艘运煤船；英国仅仅付出极小的代价。

导火索

克拉多克舰队的失败，使英国这头雄狮顿时惊醒过来。英国海军部立刻做出反应：向施佩可能去的各个水域派出了强大的增援兵力。11月11日，从大舰队中抽出的两艘战列巡洋舰"无敌"号和"不屈"号（战列巡洋舰是普通巡洋舰的克星），在海军中将弗雷德里克·斯特迪的指挥下，从德文波特秘密启航，于12月7日到达福克兰群岛斯坦利港，与原来驻泊在那里的5艘舰艇会合一处，组成了一个新的舰队。事情就是如此的巧合，就在斯特迪舰队到达福克兰的第二天，施佩的舰队也一路奔波赶到了该海域。

施佩已经缓慢地绕过南美洲的南端，又花了3天时间从他缴获的一艘加拿大帆船上加煤。12月6日上午他召集舰长们开会。施佩并不知道英国人已经叫来了战列巡洋舰，他还想着施展一下沿途袭扰的老把戏，计划途中进攻斯坦利港，夺取港内的存煤并摧毁岛上的英国人的无线电及其他军用设施。但是其他舰长们无一赞同这一计划，但是施佩主意已定，执意实施。12月6日中午，施佩舰队进入南大西洋，就这项稀里糊涂地掉进斯坦利港这一"陷阱"。

实力 PK

英 国

"无敌"号战列巡洋舰　　　　　"不屈"号战列巡洋舰

"肯特"号装甲巡洋舰　　　　　"康沃尔"号装甲巡洋舰

"卡那封"号装甲巡洋舰

德 国

"格拉斯哥"号轻巡洋舰　　　　"沙恩霍斯特"号装甲巡洋舰

"格奈森诺"号装甲巡洋舰　　　"莱比锡"号轻巡洋舰

"纽伦堡"号轻巡洋舰　　　　　"德雷斯顿"号轻巡洋舰

▲ 英国皇家海军在"无敌"号战列巡洋舰上

精彩回放

　　1914 年 12 月 8 日上午 9 时 20 分，施佩舰队中担任侦察任务的前卫舰队"格奈森诺"号装甲巡洋舰和"纽伦堡"号轻巡洋舰，观测到在斯坦利港内有很多桅杆，接着又发现出两根巨型三角桅塔——这是英国战列巡洋舰的典型标志。与此同时，在港外警戒的老式战列舰"卡诺珀斯"号在岸上·望哨的引导下用双联 305 毫米前主炮向德巡洋舰突然齐射。得知这一消息的施佩此时才方知斯坦利港内英军藏龙卧虎，原准备顺手牵羊的美梦顿时烟消云散。施佩觉得末日降临，连忙下令舰队撤退。

　　早在上午 7 点 50 分，斯特迪就收到了的施佩舰队正向这个群岛接近的消息。斯特迪同施佩一样感到意外，因为刚刚到达的英国人正在给军舰加煤和维修，还未做好战斗的准备，没想到德国人却自己送上门来……历史之笔在这里又一次蹉跎了，连英海军将领自己也承认，抛锚停泊而没有升火的斯特迪舰队"被发现时处于不利地位，如果德国人坚持及时发动攻击，则英舰队的结局将是极不愉快的"。然而，此时的施佩已经吓破了胆，正在落荒而逃。相反，斯特迪却报仇心切，他下令立即升火出港迎战。英舰的司炉们在锅炉房里忙得满头大汗，舰船升火了。被煤灰染黑而且带着加煤装具的英国战列巡洋舰立即出海，全速前进。8 时 45 分，"肯特"号驶离港口。9 时 45 分，其他舰只也相继离港。10 时，"无敌"号发出了振奋人心的信号"追击！"11 时，匆匆逃跑的施佩收到了最令他担心的报告：他的舰队已被那 2 艘英国战列巡洋舰追上了。12 时 45 分，双方在相距 14 400 米的距离上开始了战斗。排水量 17 250 吨、装有 8 门 304.8 毫米大炮的"无敌"号和"不屈"号，立即射出了令人恐怖的巨型炮弹，暴风骤雨般地泻向德舰。13 时

▲ "无敌"号战列巡洋舰

20分，遭受英舰第一次打击的德舰队乱了阵脚。施佩眼看要彻底悲剧，慌忙令他的巡洋舰立即分散，各自逃命。

为减少己方损失，斯特迪命令跟随战列巡洋舰作战的"卡那封"号装甲巡洋舰拉开距离，亲自率领"无敌""不屈"号战列巡洋舰，单独与施佩的主力"沙恩霍斯特"号和"格奈森诺"号对垒，而"肯特"号、"康沃尔"号和"格拉斯哥"号已奉命前去追击"纽伦堡号"和"莱比锡号"。这一调整使德国人在射程、火力和航速上完全处于劣势。英舰304.8毫米大炮立刻显示出了威力，"沙恩霍斯特"号首尾中弹多发，被打得千疮百孔，水线以下遭到了严重破坏，大火弥漫了整个舰体。在科罗内尔海战中耀武扬威的"沙恩霍斯特"号，此时在战列巡洋舰面前显得是那么的软弱无力，真可谓一物降一物。15时30分，该舰的第3个烟囱被炸飞，火炮也被打哑了。15时30分"沙恩霍斯特"号突然向左舷倾斜，直到来个底朝天。晚16时17分，残破不堪的"沙恩霍斯特"号带着格拉夫·施佩和他的两个儿子内的700多名舰员一同沉入海底。

施佩舰队的另一艘主力舰"格奈森诺"号装甲巡洋舰，企图与"沙恩霍斯特"号携手顽抗,但是英国战列巡洋舰的重型炮弹轻易地穿透了它的甲板,给该舰舰体造成严重破坏。"格奈森诺"号的两个锅炉舱涌进大量海水,燃起的浓烟吞噬了整个舰体。晚18时02分,该舰沉没。在它覆没前,英国军舰营救了从该舰逃亡出来的190名官兵。与此同时,德军另外两艘巡洋舰"纽伦堡"号和"莱比锡"号,在英军追杀下无路可逃,分别于19时26分和20时30分被击沉,只有25名舰员获救。只有"德雷斯顿"号逃避了追击,隐匿于夜色之中,悄悄离开。

战斗中,许多德国水兵挣扎于南大西洋冰冷的海水之中,只有一部分被英舰救起,残存者成了信天翁和鲨鱼的猎物。1915年3月13日,幸免于难的"德雷斯顿"号在智利领海被英国巡洋舰"格拉斯哥"号和"肯特"号撞见,短暂交火后重创自沉。加上此前"埃姆登"号已于1914年11月9日被澳大利亚轻巡洋舰"悉尼"号攻击而不得不弃舰。施佩伯爵分舰队至此全军覆没。

🚢 地理频道

福克兰群岛

福克兰群岛是英阿争议领土。位于南纬51°40′~53°00′、西经57°40′~62°00′,位于阿根廷南端以东的南大西洋水域,西距阿根廷500多千米。在南美洲南端的东北方约480千米,距麦哲伦海峡东亦约同等距离。全境由索莱达(东福克兰)、大马尔维纳(西福克兰)两大主岛和200多个小岛组成。海岸曲折,地形复杂,群岛以北部两条东西走向的山脉为主,最高峰达705米。岛上多丘陵,河流短小流缓。气候寒湿,年平均气温5.6℃。年均降水量625毫米,一年中雨雪天气多达250天左右。

"不屈"号战列巡洋舰

  "不屈"号战列巡洋舰于1906年2月5日在布朗公司克莱德本船厂开工，1907年6月26日下水，1908年10月服役。造价1，720，739英镑。1914年7月前往地中海搜捕德国战列巡洋舰"戈本"号。1914年12月8日随"无敌"号参加了福克兰海战。1915年1月24日"不屈"号担任达达尼尔海峡舰队旗舰，2月至3月间参与对土耳其海岸的炮击，3月18日因触雷严重受损，被迫返回马耳他修理。1916年5月31日编入第3战列巡洋舰分队参加了日德兰海战。按照《华盛顿海军条约》的规定而退役，1923年拆解。

沙恩霍斯特级装甲巡洋舰

  "沙恩霍斯特"级的主尺度如下：船身全长144.7米，水线全长143.9米全宽约21.64米，吃水约8.38米标准排水量11 616吨，满载排水量为12 985吨。"沙恩霍斯特"级的水线装甲带最厚处达到150毫米，向艏艉方向逐渐减少，最薄处76毫米；炮塔正面防护是全舰最坚固的地方，装甲厚度约180毫米，炮塔座圈装甲厚度也是180毫米；甲板装甲仍然相对较薄，沿用舯部较厚向艏艉逐渐削弱的设计，最厚处63毫米。推进系统为三胀式蒸汽机组，三轴推进，设计额定输出功率增至26 000马力，设计航速22.5节建成服役后，该级装甲巡洋舰的实际航速均不低于23.5节。

  "沙恩霍斯特"级的火炮射速较快，其主炮的射速均为4～5发/分钟，高于同期英国制造的234毫米和203毫米火炮，几乎与德制150毫米速射炮相当，而且数量上占优势——当时各国海军装甲巡洋舰的多数装备190～234毫米主炮2～4门尽管"沙恩霍斯特"及火炮安装方式使得非交战一侧的主炮无法瞄准目标，但是以侧舷对敌时仍然可以一次发挥6门主炮的火力，显然占有火力强度的优势虽然装备了更多的主炮挤压了舰上的空间，它们的副炮数量偏少不过在近战中也能够发挥6门210毫米炮和3门150毫米炮的威力，这样就与侧舷齐射4门203毫米（或者2门234毫米）火炮和7门152毫米火炮的英国巡洋舰相比差别不大，再加上它们拥有射速很快的主炮，就完全弥补了副炮数量不足的缺陷唯一的不足就是安装于炮廓内的主炮仰角太小，射程和射界比炮塔内的主炮差了很多，在远距离交战的时候仍然只能4炮齐射尽管如此，它们仍是德国海军的骄傲，也被公认为是那个时代最优秀的装甲巡洋舰该级装甲巡洋舰包括"沙恩霍斯特"号和"格奈森诺"号，均以拿破仑战争时代的普鲁士著名将领的姓氏命名。沙恩霍斯特本人不仅是拿破仑战争时期普鲁士国王腓特烈·威廉三世手下的得力将领，还是一位著名的军事改革家。

战役结果及影响

福克兰群岛海战后，英德双方降下了远海战争舞台的幕布。德国人再也不能到处跟英国人打游击了（直到后来搞无限制潜艇战为止），英国的海外殖民地安全得到了保证。这场海战中，战列巡洋舰将其火力和速度的优势发挥得淋漓尽致，是战列巡洋舰第一次在也是唯一一次发挥它应有的作用（根据费舍尔的思想，战列巡洋舰就是用来猎杀普通巡洋舰的）。在余下的战争中，英德双方均将战列巡洋舰当尖兵使用，战列巡洋舰成为多戈尔和日德兰这两次惨烈海战的主角。

第五章

■ 血祭沧海 ■
世界经典海战实录
BLOOD SACRIFICE TO THE SEA
THE WORLD CLASSIC NAVAL WARFARE RECORDS

纳尔维克港
盟军被围

纳尔维克海战（1940.4.9 ~ 4.13），是第二次世界大战中主要的海战之一。1940年德国为防止英国突袭瑞典那利瓦勒，断绝德国铁矿石供应，于4月9日派遣10艘驱逐舰运载2000人突袭占据了纳尔维克，并在第一次纳尔维克海战中击败英国海军的袭击，但在第二次纳尔维克海战中不敌英国战列巡洋舰分队，10艘驱逐舰全部被击沉，已上岸的德军全部孤立，由于英军的行动不坚决，导致2万盟军竟然没能吃掉6000德军。但随着法国战役的失败，英军无心恋战，于6月登船撤离该地。留下的挪威军队于6月10日被迫投降。

❄小档案❄

作战时间：1940.4.9 ～ 4.13

海战地点：纳尔维克港

交战双方：德国　英国

主要指挥官：弗雷德里克·邦泰（德）、贝伊（德）；沃尔伯顿·李（英）、惠特沃斯（英）

战斗结果：第一阶段，英军 2 艘驱逐舰被击沉，3 艘驱逐舰被击伤。德军 2 艘驱逐舰被击沉，4 艘驱逐舰被击伤，2 艘商船被击沉，1 艘商船被俘虏。第二阶段，英军 3 艘驱逐舰被击伤，德军驱逐舰全部被击沉。

导火索

1939 年 9 月，第二次世界大战全面爆发后，挪威和瑞典这两个北欧国家保持中立。希特勒的西线攻势因为种种原因而不断推迟，西线有了几个月的和平时期。1940 年 1 月末到 2 月初，交战双方不约而同地将目光转到了中立国挪威身上，决定打破挪威的中立现状。

挪威地处北欧斯堪的纳维亚半岛的西北部，东邻瑞典，北邻巴伦支海，西濒挪威海，南濒北海，海岸线长 2.1 千米，西海岸多天然良港。战略地位非常重要。

瑞典矿物资源中以铁矿最丰富，已探明铁矿砂储量 36.5 亿吨，居欧洲第 3 位，铁矿主要分布在北部高纬度的拉普兰地区，3/4 集中在基律纳和耶利瓦勒地区。

第二次世界大战爆发的第一年，纳粹德国年消耗的 1500 万吨铁矿砂中，有 1100 万吨要从瑞典进口。在天气暖和的月份里，铁矿砂还可以从瑞典北部经波的尼亚湾越过波罗的海运到德国。即使在战时，这条路也不会发生问题，因为波罗的海已经有效地被封锁起来，英国的潜艇和舰只无从进入。但是到了冬天，波的尼亚湾封冻，船只无法通航，瑞典的铁矿砂只能由铁路运到离拉普兰最近的挪威纳尔维克港，然后再海运到德国。整个航线都是沿挪威西海岸从北到南，极易受英军的攻击。所以德军占领挪威后不仅能保障铁矿砂运输的安全，还可以控制北海地区的航运。

英法方面则考虑派一部分联军（以志愿军的名义）经由纳尔维克和瑞典北部进入芬兰，救援当时正被苏联侵略的芬兰，同时更重要的是控制耶利瓦勒铁矿，如有必要就占领挪威和瑞典。

实力 PK

第一阶段

德国舰队编成

驱逐舰："威廉·海德坎普"号（旗舰）、"勒德尔"号、"安东·施米特"号、"吕德曼"号、"阿尼姆"号、"格奥尔格·蒂勒"号、"岑克尔"号、"吉泽"号、"库纳"号、"埃里希·克勒纳"号。

英国舰队编成

驱逐舰："哈迪"号（旗舰）、"霍特斯普尔"号、"霍斯达伊尔"号、"汉沃克"号、"亨特尔"号。

▲ "厌战号" 战列舰　　　▲ "伊卡洛斯" 号驱逐舰

第二阶段

德国舰队编成

驱逐舰: "安东·施米特" 号、"吕德曼" 号、"阿尼姆" 号、"格奥尔格·蒂勒" 号、"岑克尔" 号、"吉泽" 号、"库纳" 号、"埃里希·克勒纳" 号;

英国舰队编成

战列舰: "厌战" 号

驱逐舰: "伊卡洛斯" 号、"爱斯基摩" 号、"狐堤" 号、"贝多因人" 号、"福雷斯特" 号、"英雄" 号、"哥萨克人" 号、"旁遮普人" 号。

精彩回放

1940 年 4 月 9 日凌晨 4 时, 9 艘德国驱逐舰沿长长的峡湾迫近纳尔维克, 一艘留在峡湾入口处负责警卫。两艘战斗巡洋舰继续向北巡航。这里已经接近北极圈, 浓雾弥漫中, 英国战列舰 "声威" 号突然出现, 德国的战列巡洋舰立即迎上前去, 双方在风雪中进行了一场短促的激战, "声威" 号被命中 280 毫米炮弹 2 发, 但都是哑弹, "声威" 号的 381 毫米主炮也 3 次击中"格奈森瑙"号，越来越大的暴风雪令双方都感到头痛，德国军舰随即消失在暴风雪中。

几乎在同一时刻，邦泰的驱逐舰冲进了纳尔维克，2艘挪威岸防装甲舰"艾德兹伏尔德"号、"挪奇"号向德国人发出警告，狡猾的邦泰一面假装谈判，一面却突然发射鱼雷把"艾德兹伏尔德"号击沉，"挪奇"号见状，立即开火还击，击伤2艘德国驱逐舰，但寡不敌众，很快也被击沉。由于当地驻军司令是吉斯林分子，德国人在登陆时没有受到任何阻挠，顺利占领了纳尔维克。按照预先计划，在遣送陆军部队上岸后，邦泰应该立即返航，因为马沙尔海军上将的两艘战列巡洋舰不能长期待在海上，而驱逐舰本身又太脆弱，但是他着急也没用，原定来接应的3艘油轮有1艘被挪威岸炮击沉，另1艘为风浪所阻，只有1艘及时赶到，缺乏燃料的德国驱逐舰只好继续留在纳尔维克。为防备不测，邦泰命令驱逐舰分散驻泊，他本人坐镇旗舰"威廉·海德坎普"号，与"勒德尔"号、"安东·施米特"号、"吕德曼"号、"阿尼姆"号共5艘驱逐舰留在港口内，"格奥尔格·蒂勒"号、"岑克尔"号和"吉泽"号进驻北面的赫简斯峡湾，"库纳"号和"埃里希·克勒纳"号驶进巴兰根峡湾，如此一来，3支编队就可以相互接应。

第二天，英国人果然发动了反击。这就是纳尔维克海湾的第一次海战。

4月9日16时，英国海军部收到情报，纳尔维克港内发现德舰。海军部舰队司令福布斯感到事情不妙，直接向海军上校沃伯顿·李下达命令让第2驱逐舰队立即前往佛斯特海峡。

李上校手头有5艘驱逐舰，负责为"声望"号战列巡洋舰护航。当惠特沃思率部向西追击德舰时，李被留下来等候"反击"号战列巡洋舰。接到命令后，李上校果断向峡湾挺进。不久，他收到一位挪威飞行员的报告，纳尔维克港内有6艘驱逐舰和1艘潜艇。

李上校向海军部司令福布斯和海军中将惠特沃思分别报告了敌情。他要求10日清晨涨潮时分冲进湾内，发起攻击。惠特沃思答应进行支援，但要

◀ 德国舰队

他推迟攻击时间。海军部通则给了他相机行事的权力。李上校认为，清晨攻击可以出敌不意，涨潮进入能避开水雷，于是率领 5 艘驱逐舰，勇敢地冲进了峡湾。

晨空漆黑一团，天气糟糕透顶。5 舰摸黑前行，航速很低。为了保持航行队列，各舰打开了尾灯。一艘担任警戒的德国潜艇没有发现英国舰队，李上校神不知鬼不觉，一直摸到了纳尔维克。

16 时 30 分，旗舰"哈迪"号与"亨特尔"号、"汉沃克"号一道，冲入港内。"霍特斯普尔"号和"霍斯达伊尔"号则留在港外，负责监视。奇袭取得完全成功，3 舰第一次攻击，就朝 5 艘德舰发射了 10 枚鱼雷，舰炮一起开火，如同一阵猛烈的风暴，席卷港内。一枚鱼雷击中德军旗舰，同时舰桥中弹起火，将司令官邦泰上校当场击毙。该舰徒作挣扎，24 小时后倾覆沉没。

一艘德舰被鱼雷拦腰炸断，当即沉没。其余 3 艘伤痕累累，全部丧失了作战能力。负责监视的"霍特斯普尔"号赶来助阵，用鱼雷接连击沉 2 艘商船。随后，5 舰大小火炮齐鸣，将港内仓库和岸防阵地揍得遍地大火。

李上校对战果进行了判断，德舰伤沉 4 艘，尚存 2 艘（挪威飞行员只看到了 6 艘驱逐舰，因此判断有误）。他决定再次进行攻击。"哈迪"号一马当先，5 舰排成一字长蛇阵。当舰队转向外驶时，各舰舰炮轮番朝大雾笼罩的港口猛轰一气，又一举摧毁了5艘德国商船。

第2驱逐舰队大功告成，准备撤出峡湾。忽然，在赫尔扬斯湾方向，出现了3艘德国驱逐舰。3艘德舰于5时15分接到警报，正全速赶来。李上校命令舰队加速，相距4海里时，双方互相炮击。顿时，晨空炮声隆隆，火光闪烁，在雾气腾腾的峡湾内，展开了一场激战。

由于敌情有变，李上校不敢恋战，让信号兵发灯光信号，下令撤退。几分钟后，峡湾西部突然又出现了两艘军舰。李上校心中大喜，以为是援兵到了。但是，当信号兵发出联络记号时，回答他的却是一阵猛烈的炮击。原来，这是两艘停泊在巴兰根湾的德舰，它们闻警而动，截住了李上校的退路。

邦泰互为犄角的部署在他死后显示了威力，使李上校很快处于两面受敌的危险境地。战斗形势发生了急剧变化。

德舰舰炮口径大，火力猛，只几个回合，便占了上风。一发炮弹击中"哈迪"号舰桥，李上校倒下了。副手当仁不让，代行起指挥权。为了避免沉没，"哈迪"号驶向南岸抢滩。水兵们跌跌撞撞地涉过寒气透骨的冰水，躲进了一个小村庄。上校伤势太重，涉滩时壮烈牺牲了。

峡湾大雾不退。仓促之间，"亨特尔"号和"霍特斯普尔"号两舰相撞，致使"亨特尔"号进水沉没。"霍特斯普尔"号伤势稍轻，它狼狈外撤，不幸又中了7颗炮弹。"汉沃克"号和"霍斯达伊尔"号见势不妙，赶上前来掩护。3舰边打边退，终于杀开一条血路，撤向外海。德舰大多中弹起火，加上燃油不足，也不敢久战，只好任英舰逃走。纳尔维克第一次海战，双方伤亡大抵相等。

英国海军部收到第2舰队的战斗报告后，即令惠特沃思海军中将封锁佛斯特峡湾，严防纳粹驱逐舰外逃。同时电令福布斯，率本土舰队主力北上驰援。

这两天，挪威南部水域的作战捷报频传。10日，15架大鸥式轰炸机在卑尔根附近找到了身负重伤的德国巡洋舰"柯尼斯堡"号，将其一举炸沉。11日4时许，18架箭鱼式从"暴怒"号航空母舰起飞，在特隆赫姆附近攻击了两艘德舰。同日，潜伏在斯卡峡口的"箭鱼"号潜艇也一显身手，用鱼雷重创了"吕佐"号。福布斯一连两天未遇对手，一听北部吃紧。便放心大胆地率领本土舰队，向北开进。

12日上午，福布斯收到海军部的命令：派一艘战列舰和若干艘驱逐舰攻入纳尔维克，收拾残敌。福布斯令惠特沃思海军中将出马。当夜，中将便将"声望"号、"反击"号留给福布斯，继续监视"沙恩霍斯特"号和"格奈森瑙"号战列巡洋舰的动向，自己则乘交通艇，登上了"厌战"号。

"厌战"号是一艘老式战列舰，它久经战阵，曾经参加过著名的日德兰海战。它坚盔厚甲，排水量31 000吨，装有8门381毫米主炮，8门152毫米副炮，用它来对付纳粹驱逐舰只，自然不在话下。但是，佛斯特峡湾航道狭窄，加上危石暗礁多，使它的机动性大大下降。它大胆进湾，至少面临三种风险。一、水雷场；二、潜艇伏击；三、敌驱逐舰用鱼雷攻击。尽管如此，惠特沃思仍然执行了命令，于13日白天指挥"厌战"号和9艘驱逐舰，英勇无畏地闯入了峡湾腹地。

11时，舰队通过特兰诺灯塔。"厌战"号派出水上飞机，前往奥福特峡湾搜索。在赫尔扬斯湾，水上飞机首战告捷，猝不及防地击沉了一艘德国潜艇，同时，还发现了两艘德国驱逐舰。双方相距7海里，一艘德舰一边向湾内撤退，一边开炮。一会儿，便逃得不见踪影。另一艘企图躲到岩石背后，用鱼雷偷袭"厌战"号。可是，它还未躲到岩石后面，就被水上飞机识破了阴谋。惠特沃思令右翼驱逐舰发射鱼雷，同时"厌战"号用381毫米大炮猛轰。仅片刻工夫，就将德舰揍得全身起火，无法动弹。

这时，有4艘德舰接到警报，已出港。战斗在纳尔维克以西12海里水面展开。英国驱逐舰机动灵活，冲锋在前；"厌战"号沉着压阵，主炮炮火猛烈。尽管德舰进行了拼死抵抗，但终究挡不住惠特沃思舰队，只有节节败退。13时50分，一艘逃向赫尔扬斯湾的德舰刚要抢滩，便被穷追不舍的英舰用鱼雷击沉。余外3舰，则溜进了罗姆巴克斯湾。

至此惠特沃思已经稳操胜券。他分兵两路，一路去攻纳尔维克，一路追向罗姆巴克斯湾。纳尔维克港内有 3 艘受伤德舰，"厌战"号三下五除二地一通猛轰，就将其中一艘打得支离破碎。3 艘英国驱逐舰冲进港内，用鱼雷击沉了另外 2 舰。但是，惠特沃思也付出了重大代价，在德舰的顽强抗击下，一艘英舰受了重伤，被迫撤出战斗；一艘中弹，外撤时触礁搁浅。

罗姆巴克斯湾在纳尔维克东北部，长约 9 千米。峡湾腰部细窄，宽仅 500 米。窄口处水流急湍，岩石危伏，加上两岸峭壁陡峭，地势分外险恶。"厌战"号舰体庞大，机动受到限制，只好停下来，不敢贸然追击。它派水上飞机前行侦察，以便让飞机为火炮指示目标。4 艘驱逐舰则无所畏惧，依次进入。

刚过窄口，走在前面的"爱斯基摩"号就遭埋伏，被躲在岩石背后的德舰用鱼雷击成重伤。"爱斯基摩"号被击伤，只好掉头返回。3 艘英舰勇往直前，和德舰拼死对射。有 2 艘舰的炮弹快打光了，另外一艘前主炮已经停止了射击，就在 3 舰无力再战的时候，惠特沃思又派来了 2 艘驱逐舰。

两舰一过窄口，就看到一艘德舰撞上了岩石，已动弹不得，峡湾的尽头，3 艘德舰也自沉湾底。德国兵纷纷弃舰上岸，向山内逃窜。德舰同样打光了炮弹和鱼雷，他们孤军无援。两艘英舰大功告成，他们仔细地搜索了一遍峡湾，朝一艘搁浅的德舰补射了鱼雷，然后傲气十足地撤出了战场。

沙场点将

弗雷德里克·邦泰

弗雷德里克·邦泰（1896 年～1940 年），生于波茨坦，是参加过第一次世界大战的老兵，1939 年 10 月 26 日升任德海军驱逐舰队司令，1939 年 11 月 1 日晋升少将军衔。在德国入侵挪威时，邦泰指挥 10 艘驱逐舰和迪特尔将军的山地部队于 1940 年 4 月 9 日到纳尔维克港。4 月 10 日上午，在纳尔维克峡湾遭到英国将领沃尔伯顿·李指挥的 5 艘驱逐舰的攻击。在接下来的战斗中，邦泰的旗舰被鱼雷击中，发生爆炸。邦泰和大部分船员丧生。战后邦泰被追授骑士十字勋章。

沃尔伯顿·李

沃尔伯顿·李（1895年~1940年），生于威尔士弗林特郡，他曾担任皇家海军上尉。1940年4月10日，在挪威的纳尔维克，沃伯顿上尉成功的偷袭了德国舰队。在撤退途中，遭遇德军援军。一发炮弹击中了他所在的驱逐舰，沃尔伯顿·李身受重伤，死在这次行动中。战后，他被授予维多利亚十字勋章。

相关链接

"厌战"号战列舰

"厌战"号战列舰是英国皇家海军的一艘伊丽莎白女王级战列舰。1913年12月26日达文波特皇家船厂下水。该舰至今是皇家海军最负盛名的舰只之一。厌战号在第二次世界大战期间因获安德鲁·坎宁汉爵士赞誉而得到了绰号"可敬的老女士"而闻名。

"厌战"号与其他同级舰一样由两人共同设计。其中之一为约翰·费舍尔爵士，他在史上第一艘无畏舰：无畏号战列舰下水时便是第一海务大臣。另一位为温斯顿·丘吉尔，当时的海军部长，促成伊丽莎白女王级战列舰从设计到建造的首要角色。他劝说已退休的菲舍爵士重新出山后，受到后者造舰思想的影响。"厌战"号是皇家海军历史上获得战场荣誉最多的军舰，也是第二次世界大战中获得荣誉最多的军舰。

第二次世界大战德国海军Z型驱逐舰

1934年，德国海军宣布新型驱逐舰的造舰计划，称将建造新型驱逐舰16艘（Z1-Z16），1936年，德国海军宣布追加新型驱逐舰6艘（Z17-Z22）。1938年它们的改良型也开始开工，并在第二次世界大战爆发后陆续参战。在第二次世界大战爆发时，德国海军已有21艘Z型驱逐舰在役，战争中又有19艘完工服役，有6艘直到战争结束也未完工，还有一批计划舰未能投入建造。

战役结果及影响

纳尔维克海战，英军大获全胜，将纳粹德国的 10 艘驱逐舰全数歼灭。但是，德军由于抢先行动，终归还是实现了自己的战略目标，牢牢地控制了挪威海岸的军事重镇。后来，英国皇家海军陆战队几次登陆都惨遭失败，被德军无情地赶下海来。严峻的局势使丘吉尔只得面对现实：屯重兵于斯卡帕湾，封锁格陵兰岛、冰岛和奥克尼群岛之间的水域，以提防德舰从挪威寒气森森的峡湾中溜出来，冲入北大西洋。

纳尔维克海战说明在极北地区太不适合打仗了，没有路，补给非常困难。德军最优秀的山地部队也没有太好的办法，一年多后，当迪特尔指挥 10 多万德军向苏联的摩尔曼斯克进攻时，也只前进了 30 多千米，一直到后来撤出芬兰，也没有大的战事。最为不幸的是纳尔维克的居民，纳尔维克再次被德军占领，一直到大战结束。

第六章

■ 血祭沧海 ■
世界经典海战实录
BLOOD SACRIFICE TO THE SEA
THE WORLD CLASSIC NAVAL WARFARE RECORDS

马塔潘角猎杀
意皇家海军

马塔潘角海战是第二次世界大战中在希腊伯罗奔尼撒半岛海岸附近发生的一场海战，战事由 1941 年 3 月 27 日至 3 月 29 日，战事中，英国皇家海军及澳大利亚皇家海军舰只在地中海舰队司令安德鲁·布朗·坎宁汉指挥下拦截及击沉或击伤由安祖·亚基诺上将指挥的意大利皇家海军舰艇。

❖小档案❖

作战时间：1941.3.27 ～ 3.29

海战地点：地中海希腊的马塔潘角

交战双方：英国　意大利

主要指挥官：安德鲁·布朗·坎宁汉（英）　安祖·亚基诺（意）

战斗结果：英国轻巡洋舰 4 艘轻伤、鱼雷艇 1 艘受伤、损失飞机一架、3 人阵亡；意大利战列舰 1 艘重创、重巡洋舰 3 艘沉没、驱逐舰 2 艘沉没、超过 2300 人阵亡。

战前部署

1940 年 6 月 11 日，意大利与德国一起投入侵略战争。11 天后，法国陷落，英国在地中海的地位受到严重的威胁。

指挥英国地中海舰队的是海军上将安德鲁·坎宁汉爵士。这位在英国海军中称为伟大的领导者"ABC"的海军上将，对夺取和保持地中海的制海权抱有十足的信心。他一方面下决心守住马耳他岛，一方面准备采取积极的作战行动，寻机痛歼意大利海军。

1941 年，英国人发现，自 3 月 25 日以后，意大利正在加强对英国地中海舰队，特别是亚历山大港的侦查活动。与此同时，坎宁汉也接到了潜艇发来的报告，得知意大利舰队已经出航，于是，他立即命令加强空中侦察。3 月 27 日，坎宁汉收到水上飞机发来的报告：6 艘敌巡洋舰，1 艘驱逐舰出现在西西里岛东端以东 80 海里海域，正向克里特岛行驶……

敌人来得如此之快，使坎宁汉大吃一惊，他果断命令正在海上航行的运输船队（正载着部队在克里特岛以南向比雷埃夫斯港航行）天黑前继续前行，天黑后按原路返回。同时，命令从比雷埃夫斯港向南开进的运输船行期取消，天黑以前，战列舰在港内集结待命。坎宁汉的这一举措果然迷惑了敌人。当天下午2点，1架意大利侦察机掠过亚历山大港上空时打回报告：看见3艘战列舰、2艘航空母舰和数目不详的巡洋舰停泊在港口内，很明显，英国人还蒙在鼓里，丝毫不怀疑有什么事情要发生。

然而，在这一系列假象下面，一场大规模的战役准备正在悄悄地进行。英国人正在巧施"明修栈道，暗度陈仓"之计。当天下午，坎宁汉上将提着手提箱大模大样地上岸了，同时，主要的参谋人员也都离船登岸。这样一来，岸上的居民以及意方的谍报人员，就都蒙在鼓里了。而此时此刻，正在爱琴海担任护航任务并由海军中将威佩尔指挥的巡洋舰分队已得到命令，于3月28日早晨到达克里特岛以南20海里和加夫多斯岛以南30海里的海域待命。英国舰队士气高昂，虽然水兵们对这次战役的具体行动并不了解，但他们却预感到正处在一次大战的前夜，人人摩拳擦掌，严阵以待。

实力 PK

英 国

| 航空母舰 1 艘 | 战列舰 3 艘 |
| 轻巡洋舰 7 艘 | 驱逐舰 17 艘 |

◀ 意大利海军
舰艇模拟图

意大利

战列舰 1 艘　　　　　重巡洋舰 6 艘

轻巡洋舰 2 艘　　　　驱逐舰 17 艘

精彩回放

一步步进入陷阱

　　1941 年 3 月 28 日早晨 7 点 55 分和 58 分，英、意两支分舰队相继发现并识别出了对方。威佩尔心里很清楚，对方巡洋舰上装的 203.2 毫米口径的火炮，其射程超过他自己的 4 艘巡洋舰上的 152.4 毫米口径火炮，而对方在航速上要比自己快 2.5 节，因此当即决定将全舰队向东南 100 海里处的坎宁汉舰队主力驶去，把敌人引到主力那里去。

　　威佩尔的对手是桑森尼蒂海军中将，他奉意大利舰队司令的海军上将亚基诺的命令前出搜索警戒。桑森尼蒂对威佩尔穷追不舍，双方的距离不断缩小，意巡洋舰上的 203.2 毫米大炮开火了，揭开了这场遭遇战的德序幕。距离更近了，英舰开始还击。然而，双方的炮火都未能给对方造成损失。40分钟后，意舰突然停止炮击，调转航向往西北方撤去。追，还是不追？威佩尔经两分钟思索，毅然反退为进。他不知道，亚基诺也为英国巡洋舰队设置了一个陷阱。正像他已为英国人设好陷阱，他怀疑威佩尔的小舰队是坎宁汉放出的诱饵。当他得知威佩尔已追过来时，不仅喜上眉梢，这下可以反客为主，对英舰进行钳攻击。威佩尔见势不妙，立即掉转航向，一溜烟向东南方向全速撤去。威佩尔舰队转向未完，一排354毫米口径的巨型炮弹落在他的舰队中，溅起的水柱打上甲板。形势越来越危急，撤退中的桑森尼蒂舰队也急速转向，直插右翼。英国舰队眼看着落入包围圈，毁灭只在一瞬间！威佩尔毕竟久经沙场，迅即从惊恐中清醒过来："施放烟幕，全速撤离！"

可谓"天不灭曹"，借助幸运的东北风，威佩尔的舰队大片的烟幕遮了起来。不过，处于编队最前的旗舰"格洛斯特"号却暴露在外，很快遭到集中攻击，一发炮弹命中前甲板，意大利两支舰队在两翼追赶，威佩尔仍未脱离危险。天空响起震耳的轰鸣声，8架舰载鱼雷机抵临上空。为了挽救身处绝境的威佩尔，坎宁汉毫不犹豫地打出了最后的撒手锏，向意舰连续施放了几枚鱼雷，全部落在离这艘战列舰200米外的海面上。这半路杀出的"程咬金"是形式发生了好转，使意舰处于九死一生的困境，威佩尔乘机逃之夭夭。心有余悸的亚基诺急忙下令停止追击，全舰返航。

坎宁汉在亚基诺后面紧追不舍。坎宁汉知道，意舰载航速上占有优势，除非采取有力措施来迟滞敌舰，否则自己是追不上亚基诺的。现在只有飞机可以做到这一点，所以他一面不断派出飞机侦察，一面派出飞机袭击敌舰。

皇家空军的高空轰炸已使意大利人难以招架，而来自"可畏"号航空母舰上的鱼雷更给他们至关重要的一击。19点15分，亚基诺下令向正西方行驶，企图通过队形的机动变化，摆脱英国人或打乱他们的进攻计划。15分钟后，英国飞机借着夜幕的掩护迅速地扑向了目标。意舰开始骚动起来，海面上到处都是大片的浓烟和急速转动的探照灯光，天空中是高射炮织出的

◀"可畏"号航空母舰

火网……亚基诺接到海军总部的通告，说他后面 75 海里处有 1 艘英国旗舰，但他并不以为然，他认为这旗舰只是一群伺机进攻的驱逐舰分队，实不足患。当他知道作为意主力的"波拉"号巡洋舰在刚才的空袭中命中一枚鱼雷，已经完全失去了机动能力时，他毅然决定，不惜冒险，派"波拉"号所属的第一巡洋舰分舰队司令卡塔尼奥中将，率"波拉"号的姐妹舰"扎拉"号和"阜姆"号，并配备 4 艘驱逐舰，组成一支救援编队，迅速沿来路返回。

亚基诺的错误决定使他一步步走向深渊——正向一直追赶他们的英国主力舰队一步步地接近，主动把猎物送到坎宁汉的陷阱里去了。

重炮出击

20 时 15 分，亚基诺接到"波拉"号的报告。亚基诺下令停止前进，感到心烦意乱。

20 时 18 分，亚基诺命令卡塔尼奥中将率领 Z 巡洋舰分舰队带 4 艘驱逐舰去救助"波拉"号。亚基诺认为英国小型舰队可能会击沉"波拉"号。

20 时 38 分时，亚基诺通知意大利海军部，他的舰队正以 19 节的航速返回塔兰托基地。

10 分钟后，亚基诺下令向科隆尼海角进发。

卡塔尼奥中将下令以 16 节的航速向东南方向返航，正与赶上来的地中海主力舰队互相逼近。这时，双方相距 50 多海里，而且卡塔尼奥并不知道英国海军已经安装了雷达。

后来，亚基诺回忆道："我们绝没有想到，那时英国海军竟有这么先进的装备。"

此时，地中海主力舰队位于克里特岛的西面，离陆地最近的马塔潘海角80 海里。

20 时 37 分，坎宁汉命令第 14、第 2 驱逐舰队用鱼雷攻击意战列舰，距离 33 海里。

接到命令后，麦克率领 8 艘驱逐舰，将航速提高到 28 节。

22 时，威佩尔指挥的巡洋舰"阿贾克斯"号发出电报。报告说，在雷达荧光屏上发现 3 艘舰艇，位于北纬 35 度 19 分、东经 21 度 15 分，航向为 190 度至 252 度。

麦克在航图上标出 3 艘舰艇的位置，发现它们在他 21 时 5 分的位置以前 4 海里处。麦克认为，"阿贾克斯"号巡洋舰的报告中所说的是自己率领的驱逐舰。威佩尔也认为那 3 艘情况不明的舰艇是麦克所率的驱逐舰。

事实上，这 3 艘舰艇是意 Z 舰队卡塔尼奥将军指挥的舰艇的一部分。他们正赶去救助"波拉"号巡洋舰。

麦克顺着 270 度向西航行 20 分钟后，认为已经超过意大利战列舰了。麦克下令改变航向，航速降到 20 节，等待攻击"维托里奥·维内托"号。

午夜，"维托里奥·维内托"号驶入麦克舰队的后面 33 海里处，麦克正向南驶去。如果"维托里奥·维内托"号能够摆脱拥有雷达设备的威佩尔的巡洋舰队，就能安全返回意大利了，因为麦克的驱逐舰队没有雷达设备。

早在 20 时 14 分，威佩尔的旗舰"奥赖恩"号在雷达荧光屏上收到回波，发现一艘舰艇停在前面 6 海里处。

威佩尔在 20 时 40 分向坎宁汉报告了敌情，这艘舰艇就是意大利巡洋舰"波拉"号。

威佩尔认为，他仍然有必要继续追击意战列舰，现在该轮到麦克的驱逐舰队冲上去击沉它了。威佩尔绕到"波拉"号北面去继续寻找意战列舰"维托里奥·维内托"号。

由于"贾维斯"号驱逐舰没有接收到"奥赖恩"号巡洋舰发出的电报，麦克不知道有关"波拉"号的报告，他继续沿300度航向以28节的航速向南疾驶，这条航线与威佩尔的航线是同一条航线。

"可畏"号航空母舰、"勇士"号战列舰和"阿贾克斯"号巡洋舰拥有现代化的雷达，能够进行圆周扫描，不像"奥赖恩"号巡洋舰的雷达那样落后。

后来，由于"奥赖恩"号的通信系统出现了故障，收不到"阿贾克斯"号的报告了。

"奥赖恩"号的雷达是老式的搜索航空雷达，可以用来指引军舰驶向目标。

22时23分，威佩尔向北调整了4艘巡洋舰的航向，命令他们以一列纵队，20节的航速前进。

"奥赖恩"号和"格洛斯特"号同时发现一枚鲜红的烟火信号弹，驱逐舰队的麦克也发现了那枚信号弹。

威佩尔与麦克都发出了通用联络警报。然后，麦克继续沿着原来的航线前进。当时，威佩尔的巡洋舰队在麦克的驱逐舰队东南方约30海里处。

这个信号是"维托里奥·维内托"号战列舰发出的。亚基诺正在与Z舰队的卡塔尼奥中将联络。

"维托里奥·维内托"号是在30海里以

▲"勇士"号战列舰

外的海面上发射信号弹的，英巡洋舰的雷达探测不到它。

22时30分，在威佩尔的东南偏南方向，巨大的炮火突然把天空照亮。连位于远处的麦克的驱逐舰队也发现了炮火。

坎宁汉下令所有的没有与意舰队交战的军舰向东北方向撤退，以避免被主力舰队误伤。威佩尔和麦克根据这一命令，纷纷掉转航向。

与此同时，"维托里奥·维内托"号正在麦克的西北偏西方向35海里处，在威佩尔的西北偏北方向30海里处，向意大利领海驶去。

显然，地中海主力舰队与意Z巡洋舰队遭遇了。但目标不是坎宁汉所希望的"维托里奥·维内托"号。

原来，21时，威佩尔要求在随后跟进的主力舰队去对付"波拉"号。但主力舰队离"波拉"号还有20海里，还需航行近一个小时的时间。

薄雾使海面上的能见度仅为4.5海里，"可畏"舰上普遍存在失望的情绪，认为意大利舰队是跑掉了。

不久，主力舰队排成纵队，航速降到20节。冲在最前面的是"厌战"号，后面是"勇士"号、"可畏"号和"巴勒姆"号。右面1海里处由"斯图亚特"号和"浩劫"号驱逐舰护航；左舷1海里处由"猎狗"号和"格里芬"号驱逐舰护航。

突然，战列舰的大炮怒吼，震得"可畏"号剧烈摇动。猛烈炮火照得整个夜空透亮起来。

"可畏"号迅速向后撤退，因为在炮战中，航空母舰没有用处。战列舰纷纷转向，以避开意驱逐舰的炮火和鱼雷。只一会儿工夫，意大利Z舰队已被消灭。

炮口对准Z舰队

原来，在22时3分，"勇士"号的雷达兵在左舷船头方向9海里处发现1艘长183多米的大舰。22时10分，坎宁汉接到"勇士"号的报告说，这艘大舰距离左舷船头只有6海里。

主力舰队同时向左舷转向，以靠近意舰。舰员们各就各位，舰炮也都对准了敌舰的方位。

22时20分，"勇士"号报告，敌舰位于191度，距离4．5海里。坎宁汉命令"猎狗"号和"格里芬"号去占领指定阵位。

舰队右舷一侧的驱逐舰"斯图亚特"号于22时23分忽然发出紧急警报，在右舷船头250度方位，露出多艘不明舰艇的巨大舰影，位于舰队正前方约2海里处。

它们是卡塔尼奥中将指挥的Z巡洋舰分队和第9驱逐舰小队。意驱逐舰"阿尔菲耶里"号位于最前边，后面是卡塔尼奥的旗舰"扎拉"号、"阜姆"号，再后面是"焦贝"号、"卡尔杜奇"号和"奥里亚尼"号驱逐舰。

卡塔尼奥并不知道地中海主力舰队正在海面上。10时25分，坎宁汉拿起望远镜，发现2艘大巡洋舰，前边有1艘小军舰，正在舰队前方从右向左横行而过。

坎宁汉下令重新排成纵队，枪炮手纷纷把炮口转向新目标，从舰台后边和上边的射击指挥塔中传递着命令。很快，炮手已经扣住发火扳机。

Z巡洋舰队距离不足3474.72米，这时，地中海主力舰队与对面的Z巡洋舰航线几乎呈平行状态。Z巡洋舰毫无战斗准备。

地中海舰队的64门舰炮同时瞄准了Z巡洋舰队，左舷一侧负责警戒的驱逐舰被通知要撤离炮火中央经过的地方。

坎宁汉通知超短波无线电："快些离开！"

22时27分，"猎狗"号驱逐舰打开探照灯。巨大的光束照射在"阜姆"号巡洋舰上。另外，"扎拉"号和"阿尔菲耶里"号驱逐舰的轮廓也被余光照出来了。

"厌战"号和"勇士"号同时用主炮轰击"阜姆"号。"厌战"号在2651.76米的距离开炮，"勇士"号在3657.6米的距离开炮。

"阜姆"号的后炮塔一带燃起了熊熊大火，后炮塔被炸翻。在第1次齐射的10秒钟内，"厌战"号的152.4毫米口径舰炮也开火了。这时，"阜姆"

▶"厌战"号战列舰

号全舰燃起了烈火，猛地向右舷倾斜。

这时，"猎狗"号也打开探照灯，照射着"扎拉"号巡洋舰，在夜空中意巡洋舰被照成银蓝色。六分之五的炮弹都击在"扎拉"号甲板下面几米处。Z 巡洋舰队和驱逐舰队毫无防范，向四面八方胡乱轰击。

"厌战"号第一次齐射后，经过 30 秒钟后，第二次向"阜姆"号齐射。"厌战"号又向"扎拉"号射击。两舰相距仅 2743.2 米。

"阜姆"号向右舷严重倾斜，熊熊大火烧遍全舰，缓慢而吃力地离开了 Z 巡洋舰队。45 分钟后，即 23 时 15 分，"阜姆"号沉没了。

"勇士"号第一次向"阜姆"号发炮后，第二次向"扎拉"号齐射。在 4 分钟内，"勇士"号竟 5 次向"扎拉"号齐射。坎宁汉从来都没有看见过如此快的舰炮射击，感到不可思议。

地中海舰队以雁行队形冲向意舰队时，负责殿后的"巴勒姆"号战列舰发现"波拉"号巡洋舰发射了两枚红色信号弹。

"巴勒姆"号正准备击沉"波拉"号，忽然接到转向的命令。正在这时，"猎狗"号探照灯照在"阿尔菲耶里"号驱逐舰上。

"巴勒姆"号立即在 2834.64 米的距离向"阿尔菲耶里"号开炮。"阿尔菲耶里"号带着熊熊大火向左逃去，离开了舰队。"巴勒姆"号又向"扎拉"号进行齐射。

"扎拉"号的前炮塔、指挥台和主机房都被炮弹击中。"扎拉"号带着熊

▲ "维托里奥·维内托"号战列舰

熊大火，向左舷倾斜，原地打转。此时，探照灯继续照着Z舰队。

一声巨响，"扎拉"号的锅炉爆炸了，1个前炮塔掉入大海。其余的重炮只能胡乱还击，意大利军舰的重炮无法进行夜战。22时31分，3艘意驱逐舰冲向地中海舰队。1艘意驱逐舰发射了鱼雷。

坎宁汉立即下令舰队紧急向右舷转向90度，攻击意驱逐舰队。

"厌战"号用探照灯向未发生战斗的一侧照射，以防止"维托里奥·维内托"号战列舰偷袭。突然，探照灯照住了一艘大舰。

正在这时，"厌战"号上的坎宁汉听见火炮群的指挥官下令瞄准这艘大舰时，立即制止了他。

"可畏"号航空母舰上的舰员们发现探照灯光束离开他们移向别处时，眼睛有些昏花不清，便竭力恢复视觉。

22时38分，"斯图亚特"号、"浩劫"号、"猎狗"号和"格里芬"号奉命彻底击沉残敌。

23时12分，坎宁汉命令所有没有参战的舰艇向东北方向撤退，避免了己方舰艇之间误伤。

坎宁汉的命令使正在追击意战列舰的威佩尔的巡洋舰改向东北方向撤退，放弃了追击任务。坎宁汉没有料到会出现这样的情况，因为他平时经常强调，在任何情况下，巡洋舰都不准放弃跟踪敌舰的任务。

在这漫长的深夜，地中海舰队始终没有找到"维托里奥·维内托"号。虽然英战列舰破旧，航速很慢，但Z巡洋舰队刚一出现，就遭到了毁灭性炮击。

消灭 Z 舰队

在第二次世界大战爆发前，英国海军长期进行的夜战演习，这一次发挥了重要的作用。

在进行夜战时，要准确地了解情况是很困难的。所有的事情都在发生着意想不到地变化，雾和浓烟造成视觉模糊不清等因素。

当 Z 巡洋舰队遭到炮击时，卡塔尼奥惊呆了。意大利海军没有雷达，只能靠眼睛来观测。意大利海军的大型火炮没有防闪光器具，夜间瞄准和炮火指挥等难题都困扰着意大利海军。

而英国海军使用探照灯，攻击准确、迅速，在夜战中还使用了照明弹。

23 时 20 分，"可畏"号与 3 艘战列舰会合。23 时 30 分，主力舰队以 18 节航速继续航行。

"格里芬"号遇到"波拉"号时，它停在那里，专等投降。"格里芬"号和"猎狗"号都发现了正在逃跑的 3 艘意大利驱逐舰，朝他们开炮。但 3 艘意大利驱逐舰消失在浓烟中。

驱逐舰"斯图亚特"号和"浩劫"号 22 时 59 分发现了两艘意舰。原来是停止不动的燃着大火的"扎拉"号，驱逐舰"阿尔菲耶里"号正围着"扎拉"号转圈。

"斯图亚特"号把 8 枚鱼雷对着意巡洋舰"扎拉"号和驱逐舰"阿尔菲耶里"号投射出去，击中了"扎拉"号。它又向"阿尔菲耶里"号开炮，"扎拉"号开始逃跑，"斯图亚特"号追上去向它开炮。23 时 5 分，"扎拉"号发生大爆炸。

不久，意驱逐舰"阿尔菲耶里"号上大火熊熊，突然翻了身，沉没了。几分钟后，"斯图亚特"号向意驱逐舰"卡尔杜奇"号开炮。"卡尔杜奇"号高速逃跑了。

几分钟后，驱逐舰"浩劫"号朝"卡尔杜奇"号发射 4 枚鱼雷，1 枚鱼雷击中了"卡尔杜奇"号。

23时30分，"卡尔杜奇"号燃起了熊熊大火，在爆炸声中沉没了。

23时30分，"浩劫"号把剩下的4枚鱼雷射向"扎拉"号，但没有击中。"浩劫"号冲上去，用舰炮轰击"扎拉"号。

23时45分，"浩劫"号突然发现停止不动的"波拉"号巡洋舰。

"波拉"号上漆黑一片，舰炮指向四面八方。"浩劫"号的探照灯照住"波拉"号，2发炮弹击中"波拉"号，两处起火。可是，"浩劫"号却逃跑了。

对于"浩劫"号来说，"波拉"号重巡洋舰可是个庞然大物。"浩劫"号误以为它是战列舰"维托里奥·维内托"号，便向东北方向撤退。

1941年3月29日零时2分，"浩劫"号给麦克和坎宁汉发了电报，说他发现1艘战列舰，没有受伤，却停止不动！

麦克正在"浩劫"号西北偏西方约60海里处，正挡在以"维托里奥·维内托"号为首的Y舰队的航线上。零时30分，麦克接到"浩劫"号的电报，率驱逐舰队改向东南方驶去。

10分钟后，"浩劫"号又发了一份电报，把战列舰改为"巡洋舰"，并指出他自己的位置。直到1时34分，麦克才接到这份电报。

结果，"维托里奥·维内托"号和其他意大利舰艇摆脱了麦克的驱逐舰队拦截。

由于"浩劫"号击沉了"卡尔杜奇"号，又找到了"波拉"号，因此坎

◀"维托里奥·维内托"号

宁汉原谅了"浩劫"号的过失。

麦克派"贾维斯"号驱逐舰去击沉"扎拉"号，有 3 枚鱼雷击中了"扎拉"号。

火光冲天，把几海里外的海面都照得通明。许多意大利舰员在大海中挣扎。3 月 29 日 2 时 40 分，"扎拉"号慢慢地沉入大海。

驱逐舰"猎狗"号和"格里芬"号接到"浩劫"号的信号，率先赶来。1 时 40 分，"猎狗"号和"格里芬"号打开探照灯一照，发现"波拉"号的甲板上挤着狼狈不堪的意大利人，许多人都喝醉了。甲板上扔着杂物、酒瓶。

3 时 25 分，英国驱逐舰纷纷营救幸存者。3 时 40 分，"贾维斯"号离开"波拉"号，发射了 1 枚鱼雷，但"波拉"号还不肯沉没。"努比亚"号又发射 1 枚鱼雷，又击中了。4 时 3 分，"波拉"号爆炸后沉没。

至此，在意 Z 巡洋舰分队和驱逐舰队中，只有"焦贝蒂"号和"奥里亚尼"号侥幸逃生。

黎明后，麦克命令驱逐舰队，以 20 节的航速前进，重新与主力舰队会合。

4 时 30 分，"可畏"号出动舰载机进行黎明侦察。

天气晴朗，海面上只有微风。

由于舰队已被德国飞机发现，整个上午地中海舰队没有受到攻击。但坎宁汉知道，敌人一定会集中力量报复"可畏"号。

15 时 11 分，警报响了。雷达发现一支重型轰炸机队正向舰队接近。3 架海燕式战斗机被弹射出去。

发出警报后 15 分钟，敌机距舰队 40 海里。5 分钟后，只有 25 海里了。3 分钟后，所有的火炮开炮拦截。敌机群冒着炮火，向"可畏"号俯冲。一架德国斯图卡式轰炸机爆炸了。

第二批敌机紧跟着俯冲下来，不远处还有第 3 批敌机。"可畏"号不停地躲避，1 个炸弹在左舷附近溅起 243.84 米高的黑色水柱。接着，一个个水柱腾空而起！不久，空袭结束，"可畏"号没有受伤。

敌机一共是 12 架斯图卡式飞机，攻击只进行了几秒钟。前两批德机被防空炮火赶跑，其中 1 架爆炸。第 3 批 4 架德机是被 3 架海燕式战斗机赶跑的。马塔潘角海战结束了，英海军只损失了 1 架大青花鱼飞机，却重创意大利舰队。

沙场点将

安德鲁·布朗·坎宁汉

安德鲁·布朗·坎宁汉（1883年～1963年），第一代海德霍普的坎宁汉子爵，英国海军元帅。生于爱尔兰。1898年参加英国皇家海军。1939年任地中海舰队司令，晋升海军上将。在第二次世界大战中参与指挥了马塔潘角海战、克里特岛战役、北非登陆战役和西西里岛登陆战役。1943年晋升海军元帅，并出任英国第一海务大臣兼海军参谋长。1946年退休。

▲ 安德鲁·布朗·坎宁汉雕像

相关链接

维托里奥·维内托级战列舰

维托里奥·维内托级战列舰是意大利建造的一种战列舰。

维内托级战列舰充分体现了意大利海军在地中海的作战意图，其突出特点是续航力相对较小，安装大功率动力装置使航速达到 30 节。舰体舷侧主装甲带采用倾斜布置，特别设计了水下舷侧防护系统——"普列塞系统"（一种圆筒型的防鱼雷系统）。3 座三联装主炮塔，在舰体前部呈背负式安装两座，舰体后部安装一座。装备 50 倍口径 381 毫米主炮具有射程远和威力大的特点，但是主炮身管磨损严重寿命比较低。首舰维内托号于 1934 年始建，1940 年建成服役。当 2 艘维内托级在建时，1936 年意大利退出伦敦召开的限制海军军备会议，意大利海军认为还不具备足够的力量对抗英国、法国在地中海的联盟，决定再建造 2 艘

▲ 维托里奥·维内托级战列舰

维内托号的改进型。该级战列舰以身管寿命短的代价，获得了同期所有国家 381 毫米主炮中穿甲能力最强的优势。同级舰：维托里奥·维内托号、利托里奥号；以及 2 艘改进型：罗马号、因佩罗号（未完工）。

第二次世界大战中 1940 年 11 月 11 日在英国海军空袭塔兰托，利托里奥号遭重创搁浅。1941 年 3 月马塔潘角海战，维内托号被英国海军的空投鱼雷击伤。1942 年之后由于燃油危机，维内托号及其姊妹舰一直待在港口里，直到意大利投降。意大利投降以后，利托里奥号改名为意大利号，1943 年 9 月 9 日驶往盟军控制的马耳他岛的途中，被德国空军使用无线电制导炸弹击伤。同行的罗马号也被无线电制导炸弹命中，弹药库发生爆炸沉没。幸存的维内托级战列舰战后被拆毁。

战役结果及影响

马塔潘角海战是从日德兰海战以来规模最大的一次海战。缺乏雷达装备和空中掩护的意大利舰队遭到了严重失败，损失 1.15 万吨级的重型巡洋舰 3 艘，驱逐舰 2 艘，阵亡官兵 3000 余名；而英军仅损失鱼雷飞机 1 架，伤战列舰 2 艘。至此，意大利已无力再进行大规模的海战，而英国却完全掌握了东地中海的制海权，这对于英军夺取北非作战的胜利起了重要作用。充分发挥舰载航空突击威力和首次使用舰载雷达，是这次海战中英国海军取胜的重要因素。

在马塔潘角战败后，意大利舰队不敢再进入地中海东部，虽然德国空军保证提供空中掩护，但意大利海军高层已失去信心，因此，马塔潘角海战对盟军来说是战略上的重大胜利，此后，盟军可集中资源在 1941 年 4 月希腊陷落后对抗在北非由隆美尔率领的德意志非洲军团。

第二次世界大战时意大利的军舰

1. 战列舰 7 艘

"维托里奥·维内托"级 3 艘——"维托里奥·维内托"号、"利托里奥"号和"罗马"号。标准排水量超过 40 000 吨,航速 31 节,主炮为三座三联装 381 毫米炮,副炮为四座三联装 152 毫米炮。

"康特·迪·加富尔"级 2 艘——"加富尔"号和"恺撒"号。标准排水量 28 000 吨,航速 28.5 节,主炮为 10 门 320 毫米炮(前后各一座三联装和一座双联装主炮塔),副炮为 6 座双联装 120 毫米炮。

"卡欧·杜伊里奥"级 2 艘——"杜伊里奥"号和"安德列娅·多里亚"号,系"加富尔"级改进型,排水量,航速,主炮火力相当,但副炮布局进行了改进,为四座三联装 120 毫米炮。

2. 重巡洋舰 7 艘

"塔兰托"级 2 艘——"塔兰托"号和"的里雅斯特"号。排水量一万吨出头,航速 35 节,主炮是四座双联装 203 毫米炮,该级巡洋舰追求高航速,而适当降低防护能力,装甲厚度才 76 毫米。携带两架舰载侦察机,从 A 号主炮塔前面的甲板下机库内提升到前甲板再弹射升空。

"扎拉"级 4 艘——"扎拉"号、"阜姆"号、"波拉"号和"戈里齐亚"号。排水量 12 000 吨,航速 31 节,火力等同"塔兰托"级,但该级巡洋舰舰体较短,防护好,装甲厚度达 150 毫米,算是第二次世界大战防护最好的重巡洋舰型。携带侦察机两架,也是从舰艉甲板弹射起飞。

"博尔扎诺"级一艘,系"塔兰托"级改进型,高航速,低防护,火力与排水量等同,但舰载侦察机的位置由舰艉甲板下改到了舰体中部,这样不影响主炮射击。

3. 轻巡洋舰 12 艘

"朱桑诺"级 4 艘，标准排水量 5600 吨，航速 35 节，主炮为四座双联装 152 毫米炮，能携带两架舰载侦察机。

"卡多纳"级 2 艘，系"朱桑诺"级改进型，排水量减小了一点，火力等同，航速等同，这两级轻巡洋舰规格太小，装甲太薄。

"蒙特库科里"级 2 艘，标准排水量加大到近 8000 吨，防护能力大大加强，火力还是 8 门 152 毫米炮，被誉为意大利轻巡洋舰走向成熟的里程碑。

"奥斯塔"级 2 艘，系"蒙特库科里"级防护加强型，排水量进一步加大，火力航速不变，完全可以与列强其他型号轻巡洋舰相抗衡！

"阿布鲁奇"级 2 艘，标准排水量过万吨大关，属于大型轻巡洋舰范畴了！火力为 10 门 152 毫米炮，前后各一座三联装和一座双联装 152 毫米主炮塔。防护能力也极强。被誉为意大利最精锐的巡洋舰型。特别值得注意的是该级舰的第 2 艘"朱塞佩·加里波第"号，一直服役到 20 世纪 70 年代，并接受了美国的导弹化改装，加装了 4 枚射程接近 3000 千米的"北极星"A-1 战略弹道导弹，当真是世界上最强的导弹巡洋舰了！

另外还有共计 12 艘小型的"罗马尼"级轻巡洋舰在大战爆发后开工，战争期间完工 3 艘，标准排水量才 4700 吨，装备 4 座双联装 135 毫米主炮，航速高达 37 节。该级舰算作小型侦察巡洋舰。

第七章

血战珊瑚海

珊瑚海海战（1942.5.4 ~ 1942.5.8）是太平洋战争中1942年5月，美、日航空母舰编队在珊瑚海进行的海战。珊瑚海海战是战争史上航空母舰编队在远距离以舰载机首次实施交战，也是日本海军在太平洋第一次受挫。日本海军由于损失的飞机和飞行员无法立即得到补充，被迫中止对莫尔兹比港的进攻。

❧ **小档案** ❧

作战时间：1942.5.4 ～ 1942.5.8

海战地点：澳大利亚、新几内亚及所罗门群岛之间的珊瑚海

交战双方：美国　日本

主要指挥官：切斯特·尼米兹（美国）、弗兰克·弗莱彻（美国）、井上成美（日本）、高木武雄（日本）、五藤存知（日本）

战斗结果：美国损失重型航空母舰列克星敦号、1 艘驱逐舰、1 艘油船沉没、66 架飞机，543 人阵亡；日本损失轻型航空母舰祥凤号、1 艘驱逐舰沉没、重型航空母舰翔鹤号受创，77 架飞机，1074 人阵亡。

导火索

1942 年初，日军联合舰队还沉浸在胜利中。第一阶段的任务已超额完成，但第二阶段的任务还没有最终确定。1942 年 2 月初，日军占领了澳大利亚东北的俾斯麦群岛的拉包尔基地，3 月初占领了新几内亚的莱城、萨拉莫阿。按计划随后即应对图拉吉和新几内亚东部的莫尔比兹港实施登陆。但由于美国航母的活动，这一计划就被推迟了。直到 4 月底，第 5 航空战队（翔鹤号和瑞鹤号）、第 5 巡洋舰队（妙高号和羽黑号）从印度洋归来，回到特鲁克。进攻图拉吉和莫尔比兹港的计划随即开始。

1942 年 4 月 30 日，第 5 航空战队、第 5 巡洋舰队和 6 艘驱逐舰作为机动部队从特鲁克出发南下，横于夏威夷和新几内亚群岛之间，伺机消灭盟军水面舰只。登陆掩护编队由祥凤号轻型航母、8 艘巡洋舰、6 艘驱逐舰组成。作为攻占莫尔比兹港的先头行动，4 月 28 日从拉包尔出发的先遣登陆部队在

祥凤号舰载机的掩护下于 5 月 3 日未遇到抵抗占领了小岛图拉吉。随后，5 月 4 日，登陆部队主力从拉包尔乘 14 艘运兵船在 6 艘驱逐舰和 1 艘巡洋舰的掩护下浩浩荡荡驶向莫尔比兹港。完成图拉吉登陆掩护的祥凤号及掩护舰只向西航行准备与登陆部队会合，同时机动部队第 5 航空战队进驻珊瑚海。但实际上，前来迎击的美第 17 和 8 特混舰队已先于日机动编队进入珊瑚海，于是就发生了海战史上有名的珊瑚海海战。

实力 PK

美国兵力

第 17 特混舰队："约克敦号"和"列克星敦号"航空母舰，舰载机 140 余架，巡洋舰 5 艘、驱逐舰 9 艘。

日本兵力

"翔鹤号"和"瑞鹤号"航空母舰（舰载机共 125 架）及重巡洋舰 3 艘、驱逐舰 6 艘，"祥凤号"轻型航空母舰和重巡洋舰 4 艘、驱逐舰 1 艘。

▲ "瑞鹤号"航空母舰

精彩回放

美进驻珊瑚海

1942 年初，太平洋对于盟军是一片黯淡的景象。1942 年 1 月 20 日，日本伊 124 号在达尔文港布雷时被击沉，美军随后用潜水作业船从伊 124 号上捞出了密码本。之后的几个月中，随情报的积累，尤其是空袭东京后，日本做出了过分的反应，几乎把联合舰队都派了出去，珍珠港的情报处开始逐渐破译日本的电码，并用分散的情报逐渐绘制出联合舰队的进攻矛头。这一天机是在太平洋战争初期美国海军能够与联合舰队周旋的最为重要的基础尽管通过破译密码，已知日军即将对莫尔比兹港实施登陆，同时其先遣队将先占领图拉吉，并基本掌握了日方投入的兵力。尼米兹已决心阻止日军登陆莫

◄ 珊瑚海海战中的美军防空机枪

尔比兹的行动，这并不是一个能够轻易做出的决定，因为对盟军来说，集结必要的兵力对付来敌并不容易。萨拉托加号被日潜艇击伤，在西海岸修理，企业号和"大黄蜂"号在袭击东京的返航途中，可供使用的就是第8特混舰队列克星顿号和第17特混舰队"约克城"号航母，另有8艘巡洋舰和13艘驱逐舰。由弗莱彻统一指挥，两支舰队5月1日进驻珊瑚海。

第一场战斗在5月3日开始，当弗莱彻海军接到日军正在图拉吉登陆的消息时，他的"约克城"号仍然在巴特卡普角以西一百多千米的海面上。"这是我们等了一个月的消息，"他写道。他立即中断加油，命令以每小时26海里的速度，向北驶往所罗门群岛中部。5月4日拂晓，"约克城"号航空母舰到达瓜达卡纳尔岛（请记住这一名字）西南约160.9千米的海面，航空母舰战斗机驾驶员看了旧的《全国地理》杂志的介绍，向图拉吉附近海面上的敌人部队发动了一系列袭击，摧毁了水上飞机，发回了有多少敌舰被击沉的夸大的报告，弗莱彻兴高采烈地向珍珠港报告了胜利喜讯，随后美舰队也向西莫尔比兹港进发。尼米兹后来对所谓的图拉吉战斗重新作了评价："从消耗的弹药和取得的战果来比，这场战斗肯定是令人失望的。"这一袭击的另一失误是暴露了美军的实力，珊瑚海战役前，美国占有情报先机，袭击图拉吉后，双方的情报就拉平了。

5月6日，在密云的掩护下，弗莱彻同格雷斯海军上将的重型巡洋舰和列克星敦号会合，一同加了油。珍珠港的最新情报表明，用两艘航空母舰提供空中掩护的入侵莫尔斯比港的部队，将于第二天穿过卢伊西亚德群岛。弗莱彻于是向西直驶珊瑚海。弗莱彻并不知道他在那天下午已被一架到处搜索的日本水上飞机发现了。得知两艘美军航空母舰正前往截击入侵莫尔斯比港的日本船队的消息后，在拉包尔井上海军中将的司令部里几乎引起了恐慌。司令部紧急命令运输船停止前进。高木少将率领的以翔鹤号和瑞鹤号为主力的机动部队收到警报时正在瓜达卡纳尔以南加油，等到他准备好将距离缩小到可以发动空袭的时候，舰队碰到了厚厚的云雾。于是，他决定继续加油，待黎明再去追逐。

日军获取情报

5月7日4时许，由于已基本得知美舰队的方位，日机动编队派出12架舰载机分为6组，在180度至270度方位之间，250海里距离内搜索敌人。5时45分，向南搜索的日机报告："发现敌航空母舰、巡洋舰各1艘"。6时至6时15分，先后从瑞鹤号起飞零式战斗机9架、轰炸机17架、鱼雷机11架，从翔鹤号起飞零式战斗机9架、轰炸机19架、鱼雷机13架。共78架日机，向所发现的目标飞去。但到达目标上空才发现并不是美军的航母编队，而是6日下午与弗莱彻本队分手的尼奥肖号油船和西姆斯号驱逐舰，两舰各放大一圈，像一艘航母和一艘巡洋舰。日突击机群飞临该队上空，发现不是航空母舰，则于附近海面反复搜索两个小时，仍未找到其他目标。其中的鱼雷机未进行攻击，9时15分开始返航，而36架俯冲轰炸机则于9时26分至40分间才很不情愿地对最初发现的目标进行了攻击。牛刀杀鸡就是这种感觉，西姆斯号被击中3颗250千克的炸弹，其中有2颗在机舱爆炸，不到60秒钟就沉没了。尼奥肖号被7颗炸弹击中，载着大火在海上漂了几天后沉没。

这时弗莱彻的美航母主力与油船分手后正在向西行驶，以期拦截日军的登陆舰队，但美舰队也犯了同样的错误：没有发现机队部队。黎明之后两个小时，列克星敦号上的一架巡逻机发回报告"发现了两艘航母和四艘重巡洋舰"。弗莱彻以为这是日军的航母部队，则决定以其全力实施攻击。 由列克星敦号派出俯冲轰炸机28架、鱼雷机12架、战斗机10架，由"约克城"号派出俯冲轰炸机25架、鱼

▲ 战列舰发动攻击

雷机 10 架、战斗机 8 架，共计 93 架舰载机先后飞向目标。飞到目标后，才发现是两艘轻巡洋舰和两艘炮艇，这是日军登陆的掩护部队，由于密码错误，被夸大成一支突击部队。但美军终于发现了被夸大了的舰队中值得攻击的目标：祥凤号航母。93 架美国战斗机和轰炸机经过半个小时的轮番进攻，祥凤号已中了 13 颗炸弹和 7 枚鱼雷。井泽下令弃舰。几分钟后，祥凤号沉没，海面上只有一团黑烟和一片油污在珊瑚海扩散开来，标志着日本海军在这里丧失了第一艘大型舰只。

5 月 7 日上午，美日双方攻击舰队刚好处于相互攻击范围的边缘，但双方由于技术原因而没有发现对方，相互错过了先发制人的时机。美军犯的错误更为危险，因为其出击的舰载机偏离了其主要威胁达 90 度以上，但美军取得的战果就是击掉了一艘航母；联合舰队犯的错误很可惜，因为他们至少知道他们的主要目标大致位置。待第五航空战队想纠正错误的时候，就面临一个时间的问题：下午 14 时起飞，18 时（日落后 2 小时）才能返航，这在 1942 年并不是一个容易做的决定，但第五航空战队原忠一中将还是派 12 架轰炸机和 15 架鱼雷机 14 时 15 分离舰，向预想的目标飞去，黄昏时分，这些飞机实际上是从美舰队上空飞过的，但由于天气原因并没有发现目标，等到返航时才发现美舰队，但这些战机已抛掉了炸弹，并遭到美野猫战斗机的拦截。在暮色中，几架迷失方向的日本飞行员错误地试图在"约克城"号上降落。但由于识别信号不对，被高炮手发现并将其中的一架击落入海，另外几架慌忙逃入黑夜中。这使弗莱切也意识到，日海军航母就在附近，而决定这场海战结果的航空母舰之间的决斗必定在第二天进行。

日军航母烧毁

5 月 8 日日出前最后 1 个小时里，珊瑚海两百海里内四艘航母上完成着同样的准备工作，唯一不同的或许是为美国飞行员发的是巧克力，而日本飞行员发的是米糕。侦察机都在日出前出发了。命运注定搜索的飞机几乎将同

▲ 美军"复仇者"飞机执行轰炸

时发现彼此的目标。8时15分，美军飞行在最北边的侦察机发回报告：敌人的航空母舰特遣舰队在列克星敦号东北约281.64千米的海面上以每小时25海里的速度向南行驶。仅仅几分钟以后，美国航空母舰的无线电台收到了日本人兴高采烈的报告，显然表明他们自己也被发现了。随后"约克城"号和列克星敦号共起飞15架战斗机、46架轰炸机和21架鱼雷机共82架飞机扑向日本舰队。1小时45分钟以后，美突击机队发现翔鹤号和瑞鹤号正向东南方向行驶，两艘航空母舰之间相距12.87千米，各由两艘重型巡洋舰和驱逐舰护航。

正当美国人利用宝贵的几分钟，在团团积云里组织进攻的时候，翔鹤号趁机出动了更多的战斗机，瑞鹤号则躲进下着暴雨的附近海面。向着严密防卫着的敌人舰队的航空母舰发起首次进攻的美国飞行员，面对真正的强敌时还是乱了阵脚。鱼雷机和俯冲轰炸机被零式战斗机冲散，且缺乏配合，鱼雷射进海里，偏离目标很远，轰炸是盲目的。只有两颗炸弹击中翔鹤号，翔鹤号飞行甲板上因燃油泄漏而起火。10多分钟以后，列克星敦号上的飞机赶来了，但难于发现厚厚的云层底下的敌舰。使进攻受到进一步的挫折。只有15架轰炸机好不容易发现了一个目标，但他们只有6架野猫式战斗机保护，很容易被零式战斗机冲散，鱼雷进攻再次失败，轰炸机又只投中一枚炸弹。（然而，美国飞行员的报告却不是这样。泰勒上尉在第一次攻击之后乐观地说："左舷首尾约 15.24 至 30.48 米、从吃水线到飞行甲板是一片火海……在发动进攻之后约 15 分钟，最后看到这艘航空母舰时，火烧得很猛烈。据信它受到了非常严重的破坏，最后沉掉了。"）

炸毁美军航母

所剩的 43 架美军飞机返航时，却发现日本对手能够发动更有效地进攻。由于有雷达，列克星敦号的战斗机指挥官在敌机仍然在东北方向 112 多千米的空中时就能知道它们的到来，并起飞战队机进行截击。但第 5 航空战队的 69 架舰载机在尚未受拦截之前已经分成了 3 个攻击队。日鱼雷机队首先飞临美舰"约克城"号。由于该舰灵活地进行规避，日机的攻击未见成效。但是，在环形警戒序列中的两艘航空母舰都在自行进行规避的结果，使这两舰之间的距离迅速拉大、警戒舰只也随之一分为二，从而削弱了对空防御，给日机以可乘之隙。日机对"约克城"号左舷投射 8 枚鱼雷，均被该舰避开。在随后轰炸机队开始对"约克城"号俯冲投弹。有 1 颗 363 千克的炸弹击中了该舰舰桥附近的飞行甲板，但该舰仍能继续战斗。日鱼雷机队攻击列克星敦号时，成功地运用了夹击战术，从该舰舰首的两舷、15 ~ 70 米高度、1000 ~ 1500 米距离投射鱼雷。列克星敦号由于吨位较大，回圈半径较大，转弯不灵活，日机投射的 13 枚鱼雷中有 2 条击中该舰左舷，使其锅炉舱有 3 处进水。

列克星敦号正在拼命规避鱼雷时，日轰炸机队又开始对其进行攻击，又有 2 颗炸弹命中目标。这场遭遇战只持续 13 分钟，日本人飞走的时候，兴高采烈地报告他们替前一天祥凤号的失败报了仇，毫不含糊地击沉了 1 艘"大型航空母舰"和 1 艘"中型航空母舰"。

实际上，列克星敦号尽管由于被鱼雷和炸弹击中，产生 7 度横倾，但该舰调整燃油之后，恢复了平衡，继续接纳返航的飞机着舰。同时为战斗机加油加强制空。但由于燃油泄漏，列克星敦号舰内突然发生爆炸，并引起大火，火势迅速蔓延，以至无法控制。下午 15 时左右，舰长下令全体舰员离舰。17时许，费尔普斯号驱逐舰奉命对其发射5枚鱼雷，列克星敦号于17时56分沉没。已经降落到该舰的36架飞机也随之沉入大海。美第17特混舰队"约克城"号上虽然尚有轰炸机和鱼雷机27架、战斗机12架，但已入夜，弗莱切无意再战，遂率队撤离战场。第二天，瑞鹤号的飞行员为追击美舰再次进行侦察巡逻时，海上只有列克星敦号的残骸了。

沙场点将

切斯特·尼米兹

切斯特·威廉·尼米兹（1885年～1966年）是一位美国海军将领，最高军阶为五星上将。尼米兹早期以研究潜舰为主，而后成为美军中柴油引擎技术的专家，太平洋战争爆发后，尼米兹担任了美国太平洋舰队总司令、太平洋战区盟军总司令等职务，主导对日作战，军事历史学家艾德温·帕尔玛·霍利（Edwin Palmer Hoyt）因而评论：哈尔西能在一场海战中取胜，斯普鲁恩斯能在一场战役中取胜，而尼米兹能在一场战争中取胜。战后，尼米兹担任海军作战部长，一直至1947年退役为止。尼米兹于1966年逝世，是美国最后一名逝世的海军五星上将。美国海军为纪念尼米兹，而将其去世之后所建造的第一艘、也是当时最新锐的航空母舰尼米兹级核子动力航空母舰以他为名，也就是日后的尼米兹号航空母舰。

◄ 切斯特·尼米兹

井上成美

　　井上成美（1889～1975年）宫城县仙台市人，日本海军史上最后一位晋升的大将。毕业于江田岛海军兵学校第37期。因为一口流利外语，被派任驻外武官多年，直到40岁才以大佐的阶级返国，出任日本海军大学校的战术教官，隔年获拔擢为海军省军务局第一课课长。

　　54岁的山本五十六的战死（海军甲事件）给他很大的震撼，使他有了想尽早停止战争的念头。一年后，米内光政再度复出，任用井上为海军省次长；虽然两人在为终战做准备，但是陆军常在"御前会议"提出"宁愿一亿人玉碎，也绝不投降"的相左主张。此时井上成美再次写下了一封遗书，就在一次惊险的遇刺未遂后，米内赶紧向天皇提出保举井上为海军大将兼日本海军大学校校长，也是日本海军最后一位晋升的大将。虽然井上千百个不愿意，但就在米内希望他"阻止日本海军大学校学生加入神风特攻队"的观点下逐渐软化，就在他出任日本海军大学校校长后三个月，日本投降。井上与米内二人虽接受军事审判，因他们自始维持一贯的反战态度，皆获无罪释放。

　　战后，不像其他将领利用昔日的人脉活跃于政商圈，他将住家搬到可以看得到海的地方，仅以教英语糊口。有记者问他为何这样做，他回答："我只是个苟活的军人，过去军部的一意孤行曾带给百姓无比的痛苦，对此我很惭愧……而今英语已是我们下一代立足世界不可或缺的交流语种，我这么做，其实是在赎罪！赎罪啊！……"就这样隐居于横须贺，直到86岁去世为止。

▶ 井上成美

"列克星敦号" 航空母舰

列克星敦号是纪念美国独立战争中的第一枪：1775年列克星敦之战。起初在1916年，它与姊妹舰萨拉托加号被设计为35 300吨的大型战列巡洋舰；1919年第一次世界大战结束后，其规模则稍被缩小。1921年1月8日，列克星敦号在霍河造船公司设置龙骨，暂时赋予CC-1称号。

设计上，列克星敦号的飞行甲板长268米、阔26至27米、在水线18米之上，平均吃水7.36米，人员编制则有2122人（包括飞行员）。火炮装置包括4座双管203毫米/55炮、12座127毫米/25防空高炮及4座57毫米礼炮。她与萨拉托加号也是最后两艘美国航母使用横向弹射器。这弹射器可将当时最重的舰载机弹离18.3米。起初舰上亦有起重机，可回收水上飞机及飞船，战时则被改为防空炮。机库最初设计可容纳120架飞机，但及后却只能装上91架。最终，列克星敦号于1925年10月3日下水，完成适航测试后，于1927年12月14日服役。

"翔鹤号" 航空母舰

1936年日本退出第二次伦敦海军条约，1937年日本海军的03造舰补充计划中拨款建造两艘翔鹤级航空母舰，分别为翔鹤号和瑞鹤号，并于同年12月12日于横须贺海军工厂起造，1939年6月1日下水，1941年8月8日竣工，编入吴镇守府籍。

翔鹤级是"飞龙"号航空母舰的扩大改进型。加装防护装甲，飞行甲板长242米，设双层机库，3部升降机，舰上没有装备弹射器，

◀"翔鹤号"航空母舰上搭载的飞机

具有日本特色的向下弯曲的横卧式烟囱位于舰体右舷中部。由于先前将岛式舰桥置于舰体左舷的设计并不实用，两舰岛式舰桥统一设在舰体右舷。翔鹤级可称为当时最强的航空母舰之一，相对于"飞龙"号不但多携带了 11 架战机，而炸弹等航空武器载量也有所增加，共计可携带 45 枚航空鱼雷、90 枚 800 千克炸弹、300 枚 250 千克炸弹和 540 枚 60 千克炸弹，火力十分的强大。

战役结果及影响

从战略的角度，珊瑚海海战无论对美国、对太平洋战局、对世界海战史都有深刻的意义。作为大战前的序幕，尽管参加这次作战的军舰并不算多，交战的规模不是很大，其激烈程度也不算很高。但珊瑚海海战是第一次航空母舰之间的决斗。众所周知，以往的近代海战，都是双方军舰接近到较近距离之内，而后用舰炮解决问题，珊瑚海海战则全然不同，双方的军舰，没有开炮或者发射鱼雷，也没有进入对方的视线之内，而是从上百海里以外的远距离用所携带的舰载机来取胜。对于这样的交战，在世界海战史上尚属首次，可是并不是偶然，而是航空技术与兵器发展的必然结果。这种海战为太平洋战争指出了方向。既然如此，谁能更快地更深刻地认识这一新的特点，

▶ 美军双发 PBM 水上
飞机起飞

相应地改进自己的作战力，谁就有可能在交战中取得较多的主动权，从随后的发展看，显然联合海军发现这一点为时已晚了。

从战术得失来看，美方被击沉 1 艘大型航空母舰列克星顿号、1 艘油轮、1 艘驱逐舰、66 架飞机、死亡 543 人，另 1 艘航母"约克城"号受伤；日本损失 1 艘轻型航母、77 架飞机、死亡 1074 人、另 1 艘航母受伤。从数字的角度，日本海军显然取得了珊瑚海海战的战术上的胜利。但是，再看远一点，假若把 1942 年 5 月第一周周末发生的珊瑚海海战的后果同后续的事件联系起来，那么美国毫无疑问取得了决定性的胜利。弗莱切海军少将的部队成功地挫败了日本南下控制珊瑚海和澳大利亚的海上通道的战略计划。自从珍珠港事件以来，日本海军不可战胜的神话第一次遭到沉重的心理打击，这是一个使战略力量对比发生重大变化的事件。

第八章

日本美梦
葬送中途岛

中途岛战役，是第二次世界大战的一场重要战役，也是美国海军以少胜多的一个著名战例。其于1942年6月4日展开，美国海军不仅在此战役中成功地击退了日本海军对中途岛环礁的攻击，还得到了太平洋战区的主动权，因此成为第二次世界大战太平洋战区的转折点。

❧ 小档案 ❧

作战时间：1942.6.3 ～ 6.7

海战地点：中途岛附近海域

交战双方：美国　日本

主要指挥官：切斯特－尼米兹（美国）、斯普鲁恩斯（美国）、山本五十六（日本）、南云忠一（日本）

战斗结果：日军损失巡洋舰 1 艘、飞机 332 架、3500 人阵亡；美军损失驱逐舰 1 艘、飞机 147 架、美军 307 人。

导火索

1942 年春天的一个早晨，在美国太平洋舰队珍珠港基地，电讯情报处处长 J·罗奇福特少校兴奋地看着由值班军官送来的一份刚刚截听到的日军密电的破译稿。译稿里有这么一句话："看来，'AF'可能缺乏淡水。"这句话出现在日本人的密电里，说明敌人上钩了。

J·罗奇福特少校，是美国海军作战部的一位日本通，欧战爆发以末，尽管日美尚未宣战，他领导的密码破译小组，却一直注意着日本人在太平洋上的往来电报。珍珠港被袭之前，他们从截听到的电报中，就估计到日本人可能很快会有异常行动，并及时向上司报告过。但他们的意见没有得到美国夏威夷驻军司令（兼太平洋舰队司令）金梅尔海军上将等首脑人物的重视。这些高级将领对日本人跃跃欲试动向的严重性估计不足。在战争迫在眉睫的时候，珍珠港，这个美国太平洋上最重要的海军基地，居然不作戒备，周末照常休假。1941 年 12 月 7 日（当地时间）早晨，港内突如其来的爆炸声，

▶ 美军从航母上起飞的飞机

宣告了日本偷袭的成功。停在港内的几十艘军舰。数百架飞机刊时被日本航空兵摧毁，基地受到严重破坏。一个小时的工夫，使美国海军的损失超过了上次大战美国海军损失的总和。太平洋舰队瘫痪了，美国猝然被卷入战争。命运本来安排金梅尔上将有希望在一个早上就成为拯救美国的英雄，但他却没有做到这一点，而让日本人创造了奇迹。10天以后，金梅尔被罗斯福总统革职。罗奇福特少校在新的太平洋舰队司令尼米兹海军上将手下继续他的情报工作。

在两三个月内，从截听到的日军电报中发现日本人曾多次用到"AF"代号，这引起了罗奇福特的注意。有几份电报中说到日本人的舰艇和飞机在"AF"附近活动。经过分析，这很可能是日本人指太平洋上的中途岛。为谨慎计，罗奇福特决定"请"日本人来帮助核对。他请美驻中途岛海军司令使用简单易于被日本人破译的密码，向太平洋舰队司令拍了一份报告岛上淡水设备发生故障的假电报。而现在，从日本人的密电中，果然提到"'AF'可能缺乏淡水……"。这样，"AF"之谜解开了。果然，到5月中旬，美国的情报机构不仅知道日本海军正在计划的一次重大行动的目标是中途岛，而且还相当准确地弄清了日本在这场作战中使用的兵力。但是，对美国人来说，获悉敌人的作战计划，这仅仅是第一步，还得用血的代价进行一场恶战，才能夺取胜利，于是就爆发了中途岛海战。

实力 PK

美国兵力

3 艘航空母舰（"约克城"号、企业号、"大黄蜂"号）

约 25 艘支援舰船　　　233 架舰载机　　　　172 架陆基飞机

日本兵力

4 艘航空母舰（"苍龙"号、"飞龙"号、赤城号、加贺号）

7 艘战舰　　　　　约 15 艘支援舰船　　　264 架飞机

精彩回放

空袭中途岛

　　1942 年 6 月 3 日至 4 日，日本各个部队相继进入攻击阵位。这次大海战的战场，从日本海外到阿留申群岛再到中途岛，形成一个纵横数千海里的巨大三角形。首先开始攻击的是由角田海军少将率领的阿留申群岛部队的第一机动部队。这时虽然已是 6 月份，但这一带仍处严寒，海上阴云密布。4 日凌晨，从两艘航空母舰起飞 23 架轰炸机和 12 架战斗机，但趋于气候恶劣，有半数飞机不得不中途返航。其余飞机对荷兰港实施了空袭，使美国人只受到一些轻微损失。由于美国人清楚知道日本人的主攻目标是中途岛，因

▶ 被美军舰载机击毁的日本
"Magami"级重巡洋舰

此，日本人的攻击完全没有达到牵制敌人的目的。

6月3日，南面几百海里外的南云部队，也在中途岛的西北面朝着目标进发。这一带浓雾遮天，南云中将不得不动用为了取得突然进攻的效果而一直保持静默的无线电，向所属部队发布了转向命令。他不知道，他们赖以取胜的突然袭击现已不灵了。这时，美国舰队早已出动。5月30日，"大和"号的无线电兵已截听到，美国人在夏威夷一带活动频繁。这说明美国人早有戒备，美国舰队可能已经出动。但联合舰队司令部却为了保持无线电静默，没有通知南云，以为他们理所当然地同样会截听到。保持无线电静默本来是为了向敌人搞突然袭击，而结果却使南云陷入对敌一无所知的地步，这真是绝妙的讽刺！当然，这时的南云部队，还是盲目乐观得很，飞行员和水兵们都趾高气扬，拿下中途岛是不成问题的。6月5日，即原定攻击日的前两天，实际进攻日期到来了！4点45分，从南云部队4艘航空母舰起飞的36架水平轰炸机、36架俯冲轰炸机和36架零式战斗机，组成第一攻击波，向东南方240海里的中途岛呼啸而去。离中途岛大约150海里时，日本飞机编队被一架美国巡逻轰炸机发现。这架飞机一直巧妙地跟踪到离中途岛不到30海里的地方，然后升到日本飞机上空，投了一颗照明弹，向早已在空中严阵以待的美国战斗机报警。接着，从6点45分到7点10

分，双方展开了一场激烈的空战。日本战斗机成功地堵截了 25 架美国战斗机（击落 15 架，击伤 8 架），使全部轰炸机躲开了美机地拦击，安全抵达中途岛上空。

可是，早已做好充分准备的美国人已把岛上的飞机全部派到上空，机场跑道上空空如也，偷袭珍珠港的那种便宜事不再出现了。日本人的攻击，使中途岛的地面设施和机场跑道只受到轻微破坏，伤亡只有 20 余人。日本人在空战中损失 2 架战斗机，3 架水平轰炸机和 1 架俯冲轰炸机。

显然，攻击完全没有达到歼灭岛上美军航空兵力的目的。心情沮丧的日本飞机编队指挥官在空袭后返航时，用无线电向南云中将报告，要求派出第二波对中途岛进行第二次空袭，以便在美国飞机返航着陆时打击它们。

美岸基飞机攻击

空袭中途岛的飞机起飞后，南云下令把第二波飞机从机库提升到飞行甲板。刚过 5 点，4 艘航空母舰的飞行甲板上又摆满了飞机。这是 108 架第二波飞机：36 架俯冲轰炸机（"飞龙"号、"苍龙"号各 18 架），36 架鱼雷机（"赤城"号、"加贺"号各 18 架）和 36 架零式战斗机（4 艘航母各 9 架）。它们的任务是，一旦发现美国特混舰队，立即起飞攻击。但是，随第一波同时起飞的 7 架搜索机还没有报告任何关于敌特混舰队的情况。7 点整，南云收到第一波指挥官在返航途中发回的建议对中途岛实施第二次空袭的电报。他尚未做出决断，天边就出现了美国的岸基飞机。

◀ 美军航母上的飞机

这次来袭的共有 6 架海军鱼雷机和 4 架陆军 B26 轰炸机。它们既没有战斗机护航，也不打算和日本战斗机纠缠，不顾日舰发射的猛烈炮火，径直扑向日本旗舰"赤城"号。尽管前面的已中弹起火，但余下的还是英勇地前赴后继，投放鱼雷。一架中了弹的飞机，还想撞到"赤城"号上。由于日本人从空中到海面都有强大的保护力量，10 架美国飞机被击落 7 架，"赤城"号和另外 3 艘航空母舰却安然无恙。这给日本人带来很大鼓舞。不过，美国飞机虽然没有完成使命，却起了一个很了不起的作用。它给南云一个错觉，既然美国航空母舰不在这个海域，来自中途岛的岸基飞机就是对自己舰队的最大威胁了。于是，7 点 15 分美国的鱼雷机攻击刚刚结束，他下令把原来准备用于攻击敌舰的鱼雷机全部卸下鱼雷，换上高爆炸弹，以便再次空袭中途岛。命令一下，"赤城"号和"加贺"号上的地勤人员、飞行员都十万火急地行动起来，把在飞行甲板上摆好的鱼雷机一架一架地送回机库，在那里卸掉鱼雷，再装上炸弹，然后重新拖回飞行甲板。

南云以为再次空袭中途岛，就可以消除对自己的威胁，扫清登陆部队占领中途岛时的主要障碍。日本人却完全没有料到，美国航空母舰特混舰队就埋伏在附近，时刻注视着他们的动向。

发现美国航空母舰

不久，南云中将面临的战斗形势发生了根本改变。7 点 28 分，由"利根"号重巡洋舰派出的第 4 号搜索机突然发现左方有 10 艘军舰驶往东南。这架飞机没有抵近观察，就匆忙报告："发现 10 艘军舰，好像是敌舰……"这份电报犹如晴天霹雳，使"赤城"号旗舰舰桥上的南云中将和他的参谋人员大吃一惊。谁也没有料到敌人水面部队竟然会这么快出现，甚至就在附近伺机伏击。距离只有 200 海里，处在日本飞机的攻击距离之内。要紧的是，美国舰队的编成如何？有没有航空母舰呢？如果有，那么南云部队也随时会遭到美国舰载机的攻击。7 点 45 分，南云命令"赤城"号和"加贺"号立即停止换装弹药，整个部队准备攻击敌舰。换装弹药的作业已经完成大半，

▲ 航母停靠军港

"赤城"号、"加贺"号上的地勤人员和飞行员一接到命令，又疯狂地卸掉刚刚换上的炸弹，重新装上鱼雷，然后再把飞机拖回飞行甲板。

就在这时，美国的岸基飞机接连来袭。7点55分，14架陆军B—17重轰炸机高空水平投弹未中；8点24分，16架海军陆战队轰炸机俯冲投弹未中，被击落8架，击伤2架；8点27分，11架海军陆战队轰炸机俯冲投弹未中，被击落3架。

在猛烈的高射炮火声中，南云连续3次收到第4号搜索机发来的电报，"敌舰为5艘巡洋舰和5艘驱逐舰。""敌舰队殿后好像有1艘航空母舰。""敌舰队中还有另外2艘巡洋舰。"

情况逐渐明朗。根据美国舰队的规模，南云断定，美舰队至少有1艘航空母舰。现在，必须首先攻击美国舰队。为了加强部队上空的战斗巡逻，防备中途岛的岸基飞机的再次攻击，第二波中的36架战斗机全部升空，很明显，应该火速派"飞龙"号和"苍龙"号的36架俯冲轰炸机以及"赤城"号和"加贺"号上的水平轰炸机对美国特混舰队施以先发制人的攻击。可是，不论是水平轰炸机还是俯冲轰炸机，都需要战斗机掩护。水平轰炸机在进入轰炸航向后，必须保持直线水平飞行，不能进行任何规避机动。如果没有战斗机掩护，它们很容易像刚才来袭的美国飞机，遭到严重损失，而自己却一事无成。8点30分，空袭中途岛的第一波飞机已经返航归来，正在部队上空等待降落。非常明显，如果不赶快腾出飞行甲板，迅速收回这些飞机，这些都将因为汽油烧光而栽进大海。南云必须在他面临的这种困境中迅速做出抉择。

8点55分，南云决定，首先收回第一波飞机和正在上空执行巡逻任务的第二波战斗机，然后组织部队暂时北撤，避开敌人，等做好一切准备后，全力以赴，歼灭美国特混舰队。南云认为，他现在采取的这套万全之策，必将克敌制胜。

飞行甲板上水平轰炸机又重新被拖回机库。返航的飞机一架接着一架地降落。"赤城"号和"加贺"号的地勤人员真像机器人不知疲劳地拼命赶着卸炸弹，装鱼雷。9点18分，第一波飞机和第二波战斗机全部收回。南云部队的21艘军舰，以30°航向开始北撤。为了减少中途岛岸基飞机的威胁和占领有利攻击阵位，南云下令增速。

美舰载机攻击

美国人已经掌握了主动权，他们正牵着日本人的"鼻子"，使南云部队处于忙乱和疲惫状态。就在日本人忙着收回返航的第一波飞机和给这些飞机加油的时候，美第十六特混舰队司令斯普鲁恩斯将军决定对南云部队进行第一次攻击，打它个措手不及。

9点40分，从"大黄蜂"号起飞的15架鱼雷机，在"赤城"号右前方蔚蓝色的天空出现，没有战斗机掩护，立即遭到将近50架日本战斗机的迎头拦截，在一场激烈的混战中，它们还未抵近南云的航空母舰，就被全部击落。

9点58分，从"企业"号起飞的14架鱼雷机，依然没有战斗机掩护。在日本战斗机的追逐下，他们还没有来得及投雷，就拖着浓烟烈火，连连栽到海里。只有5架向"飞龙"号的右舷发射了5枚鱼雷，但没有命中。这批飞机只有4架返航。

10点12分，从"约克城"号起飞的又一批12架鱼雷机，也没有战斗机护航，几分钟内被日本战斗机打落10架。只有2架抵近了南云部队，向"飞龙"号左舷投了鱼雷，但两雷都未命中。

美国舰载鱼雷机损失了35架，却一无所获。在舰上观看这场惊心动魄战斗场面的日本人，兴高采烈，为己方战斗机的勇敢善战欢呼喝彩。但他们

▲ B-25 准备起飞

高兴得未免太早了！

10点20分，南云部队的准备工作完成，飞行甲板上全部飞机都已发动，5分钟之内，就可全部腾空了。周围的空域，既没有美国飞机，也没有一架日本的战斗机，刚才那种生死搏斗的场面一下子平静下来。

10点24分，"赤城"号发出了开始起飞的命令，第一架零式战斗机开足马力，飞离飞行甲板。就在南云部队即将夺得主动权的这一重要时刻，携带225千克炸弹的3架美国俯冲轰炸机从云隙中钻出来，朝着南云的旗舰"赤城"号俯冲下来，投下了3颗炸弹。

"赤城"号中弹

一位美国飞行员后来回忆道：我们作战的海域天晴日朗，波光粼粼。飞机飞临日舰上空时，我们看到前所未见的壮丽奇观。大批军舰在蓝色的海洋上摆成巨大的环形陈列，白色的浪花反射着耀眼的粼光，如果不是处在生死搏斗之中，谁也不会去破坏这个美妙的图案。……4艘航空母舰处于这个护卫圈的当中。甲板上排列着一架架返航和加油的飞机（它们刚打退了一批美国飞机的攻击）。周围空域连一架日本飞机都没有。日本人以为，现在是战斗的间歇哩！攻击命令下达了，俯冲投弹！命中！爆炸！一瞬间，下面一片火海，当我们重新飞上蓝天时，才看到日本军舰的高射炮喷出为时已晚的火光……

情况确实如此。有两颗炸弹直接命中了"赤城"号，把飞行甲板中部升降机后面大约15米的地方和飞行甲板后段炸开两个大洞，升降机炸得像一块烧卷了的玻璃板，而后段的飞行甲板奇形怪状地向上翻卷着。

大火迅速在飞行甲板上整齐排列的飞机中蔓延。飞机上的汽油燃烧，鱼雷接连爆炸，使"赤城"号变成了一片火海。日本人全力以赴企图扑灭大火，但无济于事。无法控制的烈火迅速向舰桥蔓延，周围通道全被大火堵死。不一会，那些刚才卸掉的随便堆积在机库旁边的800千克高爆炸弹接连几次大爆炸，使军舰的下面整个机库区被浓烟烈火吞没。

这艘巨舰在中弹后不到20分钟，就全面丧失了作战能力，与外界的通信联络中断。10点46分，南云中将和他的司令部人员狼狈地从舰桥的窗子里爬出来，离开了"赤城"号，把司令旗转移到了"长良"号轻巡洋舰上。

18点，由于大火无法控制，伤员不断增加，舰长只好下令弃舰。在旁待机的两艘驱逐舰收容了"赤城"号的幸存人员。

▶"赤城"号

6月6日4点48分，根据山本大将下达的击沉"赤城"号的命令，南云的4艘驱逐舰忍痛向"赤城"号发射了鱼雷。这是日本海军建立70年来第一次击沉自己的军舰。7分钟后，这艘巨大的航空母舰沉没。地点是：北纬30° 30′，西经179° 08′。这次战斗，"赤城"号舰员死亡263人。

"加贺"号中弹

"加贺"号几乎是在同一瞬间中弹。10点24分，两架战斗机刚刚起飞，从"企业"号航空母舰飞来了33架俯冲轰炸机，有9架各投了一颗225千克炸弹。4颗击中了"加贺"号飞行甲板的前段、中段和后段。其中一颗落在舰桥旁边，恰巧炸中了停在那里的一辆加油车。整个舰桥和四周甲板立即起火，除了飞行长外，在舰桥上指挥的舰长等主要人员当场毙命。

到处都是烈火。企图扑灭大火的种种努力都失败了。蒙受大火浩劫的

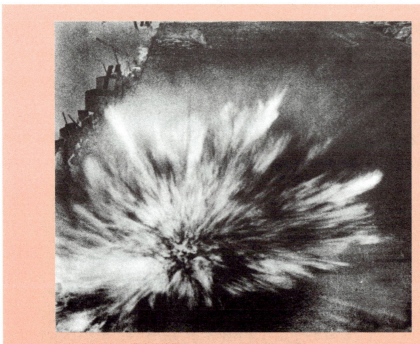

▲ 炸弹在甲板上爆炸的情景

"加贺"号，死气沉沉地漂在水上，并开始倾斜。14点10分，美国"舡鱼"号潜艇悄悄抵近，向它发射了3枚鱼雷。一雷命中，但没有爆炸。无法控制的火势越烧越猛。16点40分，接替舰长指挥的飞行长下令弃舰，舰员转移到在旁待机的两艘驱逐舰上。两小时后，火势减弱，日本人返回"加贺"号，企图灭火，但未获效果，只好再次撤出。19点25分，"加贺"号在发生两次巨大爆炸后沉没。地点是：北纬30°20′，西经179°17′。这次战斗，"加贺"号死亡800人，占舰员的三分之一。

"苍龙"号中弹

1942年6月4日10点25分，从"企业"号起飞的33架俯冲轰炸机中，13架飞机集中攻击了"苍龙"号。"苍龙"号在几分钟内中了3颗炸弹。头一颗炸弹命中前部升降机前面的飞行甲板，后两颗击中了中部升降机。大火迅速蔓延到下面的油库和弹药库。

中弹10分钟后，"苍龙"号完全笼罩在一片浓烟火海之中，接着就是一阵阵可怕的诱发爆炸，主机停转，舵机失灵，消防系统遭到破坏。舰员被迫离开战位，但当这些人躲到甲板上时，诱发的巨大爆炸的气浪把许多人一下子掀到了海里。中弹后20分钟，由于火势太猛，舰长下令弃舰。舰员转移到在一旁警戒待机的两艘驱逐舰上。

不久，人们发现，舰长还留在舰上没有撤走。一位军曹重返军舰，劝舰长离舰，但遭拒绝。19点30分，这位武士道精神十足的日本"勇士"，手握军刀，跟他的军舰一起从海面上消失了。地点是：北纬30°38′，西经179°13′。这次战斗，该舰死亡718人。

"赤城"号、"加贺"号、"苍龙"号中弹后，山口海军少将接替了空中作战的指挥。现在，除了6艘驱逐舰派去保护受伤的航空母舰外，南云部队的其他兵力，以"飞龙"号为中心，继续北撤，虽然损失惨重，但日本人并不认输，他们还有力量，决心继续打下去。

"大和"号上的山本

战幕拉开后，"大和"号上的山本海军大将，一直注视着战局的进展。当他接到"赤城"号转发的第4号搜索机发现美国舰队的电报时，他率领的主力部队，仍处于海战现场800海里之外。美舰队殿后有一艘航空母舰，这可是一块肥肉啊！南云长官的第二攻击波很快就能干掉它们。山本这样想，他的参谋们也这样乐观地等待着好消息。对即将发生的战斗，谁也没有感到丝毫不放心。可是，命运偏偏作怪，10时50分，噩耗来了！一份简短的电报说："遭敌舰载机攻击，'赤城'号、'加贺'号、'苍龙'号起火。拟以'飞龙'号与敌航空母舰交战。我们暂时北撤，重新集结兵力。"

此时的山本呆若木鸡，连一句话也说不出来，不知如何是好。他做梦也没想到海军的"赤城"号、"加贺"号、"苍龙"号会遭这等横祸！下一步怎么办？武士道精神使他做出了唯一的选择：复仇。他仍然是实力雄厚的，他决定集中兵力，以数量优势压倒美国人。

12点20分，他命令在阿留申群岛作战的角田少将的航空母舰部队火速南下加入南云部队，并决定率领他的几艘战列舰前去支援，准备亲自指挥作战。他还担心，如果不立即摧毁中途岛的航空基地，美国人会从夏威夷调去更多的飞机，占领中途岛就更加困难了。于是，13点10分，他命令离中途岛最近的近藤中将的中途岛攻略部队，乘夜炮击并摧毁中途岛的航空基地。

可是，远水不解近渴，这两道命令在执行中都不得不撤销了。大雾弥漫，山本率领主力，航向120°，航速20节，在航海人员平时难以想象的情况下向中途岛作战海域急驶。

攻击"约克城"号

"飞龙"号上的山口少将知道，他的这艘军舰是能跟美舰周旋的唯一的航空母舰了。10点40分，山口少将派18架俯冲轰炸机和6架零式战斗机，扑向"约克城"号。日本海军的荣誉，似乎全系于此举了。12点左右，在"约克城"号以西大约20海里上空，日本飞机被美舰雷达发现，遭到"约克城"号战斗机的迎头拦击。只有8架俯冲轰炸机逼近了目标，其中7架突破了高射炮火网，使"约克城"号中了3颗250千克炸弹。右舷中部飞行甲板被炸开一个大洞，主锅炉气压下降，"约克城"号立即失去航行能力。舰长巴克斯特海军上校下令升起一面新的巨幅星条旗，表示作战到底的决心。斗志旺盛的舰员奋力抢修，仅仅30分钟就紧急修复，轰炸引起的几处火灾迅速被扑灭，13点20分，"约克城"号奇迹般地恢复了航速，

▲ 美军航空母舰约克城号被鱼雷击中

达 18 节。

在这次攻击中，日本人损失了 3 架战斗机和 13 架俯冲轰炸机。山口少将乐观地认为，他攻击的航空母舰已经被毁掉。

在"飞龙"号攻击"约克城"号时，一架新式高速侦察机由于"苍尤"号被炸起火无法返航，降落在"飞龙"号上。飞行员向山口报告说，美舰中有"企业"号、"大黄蜂"号和"约克城"号 3 艘航空母舰，他的发报机出了故障，没能发回报告。山口大吃一惊，直到这时他才知道美国舰队里有 3 艘航空母舰！根据军令部提供的情报，这 3 艘航空母舰中至少有两艘仍在西南太平洋一带，没有返回夏威夷基地。如今，"飞龙"号独自面对美国人的 3 艘第一流航空母舰。山口虽感兵力不足，但凭他那股发狂的武士道精神，决定对美国人发动第二次攻击。

12 点 45 分，16 架鱼雷机和 6 架战斗机起飞。他们侥幸没碰上前来拦击的 6 架美国战斗机。鱼雷机队冒着前所未见的猛烈高射炮火，向"约克城"号逼近。在 16 架鱼雷机中，有 8 架被高射炮火击落，另外 8 架成功地突破了美舰的防御弹幕。这时，又有 3 架鱼雷机被击落，只有 5 架向"约克城"号发射了鱼雷。

"约克城"号中了 3 枚鱼雷，立刻失去了航速。少顷，舰长巴克斯特海军上校下令弃舰。

"约克城"号并没有马上沉没。一艘美国军舰靠近它，力图把它拖回珍珠港修理。6 月 6 日早晨，这次大战接近尾声的时候，它被日本"伊 –168"号潜艇发现。护卫"约克城"号的"哈曼"号驱逐舰中雷 4 分钟后沉没。"约克城"号又中了两枚鱼雷，勉强再熬过一天，于 6 月 7 日早上沉没。这两艘军舰，是美国在这次大海战中仅有的舰艇损失。

"飞龙"号中弹

"飞龙"号击伤"约克城"号之后，斯普鲁恩斯将军在"企业"号上，已经侦知它的方位，立即集结"企业"号和"大黄蜂"号上的飞机，于午后飞向"飞龙"号。17点零3分，13架俯冲轰炸机从西南背阳方向的云隙里俯冲下来，集中向"飞龙"号猛攻。

"飞龙"号的高射炮立即开火。舰长下令："右满舵！"

"飞龙"号动作笨重地向右猛转，适时地避开了投下来的头3颗炸弹。但是，更多的美机接着俯冲下来，投中了4颗炸弹，立即引起大火和爆炸。巨大的黑色烟柱腾空而起，"飞龙"号开始减速。

4颗炸弹全部击中舰桥附近，舰桥上的玻璃窗全被震得粉碎。前部升降机的舱面甲板炸得朝上翻卷，完全挡住了指挥区的视线。大火在飞行甲板上装好炸弹的飞机间蔓延，堵住了通往机舱的所有通道。在甲板下处于绝境的人们挣扎着，直到被浓烟烈火燎倒。

中弹4小时后，"飞龙"号完全失去了航速。这艘被熊熊烈火包围着的航空母舰死一般地漂浮在水面，并开始倾斜。

显然，要拯救它是不可能的。6月6日凌晨2点半，山口下令弃舰，命令"飞龙"号幸存人员向在旁待机的驱逐舰转移。

山口多闻，此时决意留在舰上，与"飞龙"号共存亡。他把自己牢牢地绑在舰桥上，以便能和"飞龙"号的残躯，一起沉到数千米深的大洋深渊。

5点10分，两艘日本驱逐舰向"飞龙"号发射了鱼雷。但直到8点20分，山口和舰长加来海军大佐才同"飞龙"号一道从水面上消失。地点是：北纬31°38′，西经178°51′。有趣的是，驱逐舰向受伤待毙的"飞龙"号发射的鱼雷，恰巧把下层甲板炸开一条出路，使堵在下面奄奄一息的机电人员奇迹般地逃到上甲板上来。"飞龙"号沉没后，这批人漂在水上，后来被美国搜索部队俘获。

全线撤退

接到"飞龙"号被毁的消息后，"大和"号上双眼布满了血丝的人们，忧心忡忡，神经极度紧张。他们渴望发动一场夜战以弥补遭到的损失。因为黑夜可以减少空中的威胁，或许能有一个报仇的机会。但是，美国人也不粗

◀ 日军受伤的战舰

心，压根儿不想和山本的主力——战列舰，按第一次世界大战的标准方式用大炮拼斗。他们想的是等到天亮了就可凭借空中优势，像屠宰鸭子般摧毁失去空中保护的日本舰只。

拂晓前同美国舰队拼大炮的一线希望，像肥皂泡，终于破灭了。"大和"号上的参谋人员心照不宣地承认自己被打败了。但没有一个参谋人员建议中止作战，相反，他们都绞尽脑汁，要从失败中捞回一些东西，就像抓稻草的溺水者。

山本默默地听着一旁的议论，他清醒地认识到这是一个无法挽回的败局。他宁愿担当责任，也不愿把自己的舰队投入没有空中保护的冒险行动中。

6月6日凌晨，山本下达了撤销中途岛作战的命令，但他率领的几艘战列舰，仍乘夜色继续向东急驶，以便跟从作战海域撤退下来的南云部队和近藤部队会合。

不久，他们看到了近藤的攻略部队主力。中午，南云的大部分舰只也赶来了。从日本出发时浩浩荡荡，这时却已面目全非。这番凄凉情景，使"大和"号上的人们深深感到这次失败很惨。在这支庞大的日本舰队继续黯然西撤的时候，"瑞风"号和"凤翔"号轻型航空母舰上，不断派出和收回反潜巡逻机，紧张地进行着反潜巡逻和警戒。

6月7日，为了对付可能的追击，山本大将准备用他现有的两艘轻型航空母舰和战列舰、巡洋舰上的飞机，以及水上航空母舰的水上飞机（总共约100架），跟美国航空母舰周旋。他企图把美国人诱到日本人占领着的威克岛上大约50架中型轰炸机的作战半径以内，以加强自己的航空兵力，歼灭美国特混舰队。但是，事态的发展又迫使他不得不撤销这项作战计划。

这天，为了追击和寻歼日本部队，美国人从中途岛起飞了26架B—17轰炸机，但由于天气不好，未能与日本人接触。

斯普鲁恩斯率领"大黄蜂"号和"企业"号航空母舰向西追击时，考虑到会遭受威克岛日本飞机的攻击，他已放弃了追歼日舰的作战企图。至此，这场壮观的、具有历史意义的大海战结束了。

沙场点将

雷蒙德·艾姆斯·斯普鲁恩斯

雷蒙德·艾姆斯·斯普鲁恩斯（1886年～1969年，或译为雷蒙·史普劳恩斯），第二次世界大战时期美国海军军官（最终官阶为上将），第5舰队司令。战后，曾出任美国海军战争学院院长及美国驻菲律宾大使。斯普鲁恩斯级驱逐舰和该级首舰斯普鲁恩斯号（DD-963）为纪念他而命名。

斯普鲁恩斯出生于马里兰州巴尔的摩市，是亚历山大和安妮·斯普鲁恩斯的儿子。他在印第安纳的印第安纳波利斯长大，后被送往新泽西州由外祖母抚养。1938年，出任密西西比号战列舰舰长。1940年2月，升任第10海军军区司令

▲斯普鲁恩斯

负责加勒比海地区边防，总部设在波多黎各的圣胡安，同年10月晋升为海军少将。随着欧洲战事的发展，其职责逐渐增加。1941年6月，出任分遣舰队司令，旗舰为诺思安普敦号，在哈尔西麾下服役。

1945年8月日本投降后，斯普鲁恩斯奉命指挥驻日美海军一切兵力。1946年初，斯普鲁恩斯出任美国海军战争学院院长，直到他在1948年7月由海军退休。任中，他对海军课程设置和内容进行了改革。后来他被任命为美国驻菲律宾大使，完成了关于美国基地问题的谈判。任期由1952年1月至1955年4月。1969年，斯普鲁恩斯在加利福尼亚州逝世。他以最高军事荣誉被安葬在旧金山南边的金门国家公墓。

山本五十六

山本五十六（1884年～1943年），日本海军军人，曾留学美国哈佛大学，第二次世界大战期间担任日本海军联合舰队司令长官。

山本五十六在日本海军中历任重要职位，进行了多项重大变更与改革，尤其是亲手组建了日本海军航空兵部队。在太平洋战争早期担任日本海军联合舰队司令长官并策划或指挥了数次战役，例如，珍珠港事件以及中途岛战役。山本在搭乘飞机前往所罗门群岛前线视察的路上遭美军P-38闪电式战斗机拦截，座机（一式大型陆上运输机）被击落。山本五十六之死对日本军队士气造成了沉重打击。

南云忠一

南云忠一（1887年～1944年）太平洋战争开始时的日本机动部队司令，身为鱼雷战专家却奉命指挥航空部队，只好听参谋的主意，指挥略显迟缓，但大体表现还算中规中矩，中途岛的失败是日本海军总危机的爆发，对他的指责多是无中生有，随后的南太平洋海空战还算正常，1944年在塞班岛看见密密麻麻的美国舰队，知道败局已定后自杀。

"约克城"号航空母舰

  "约克城"号航空母舰是美国海军在1930年经济危机后，罗斯福新政实施期间，根据经济复兴法案拨款所设计建造的航空母舰。1934年美国海军利用华盛顿海军条约规定的额度，计划建造2艘两万吨级航空母舰，一号舰"约克城"号、二号舰企业号。1936年日本退出海军裁军谈判开始建造大型航空母舰，美国海军因此在1938年又追加建造一艘"约克城"号级改进型——"大黄蜂"号航空母舰。

  "约克城"号在1934年开始建造，在1936年下水，于1937年服役。及后"约克城"号参与了海军最后两次的舰队解难演习，并在1940年编入驻太平洋的战斗部队（Battle Force）。第二次世界大战爆发后，美国在欧洲进行中立巡航，而"约克城"号也在1941年4月调返大西洋舰队，防备纳粹德国海军进入西半球攻击商船。同年12月日本偷袭珍珠港后，"约克城"号旋即调到美国太平洋舰队，并参与美国在太平洋战争早期的多场行动，包括掩护陆战队增援美属萨摩亚及马

▲"约克城"号航母上的军械技师在机库为飞机加装炸弹

绍尔及吉尔伯特群岛突袭

1942 年 5 月，"约克城"号在珊瑚海海战受到重创，但在短促维修后赶及参与 6 月初的中途岛海战，并与企业号联手击溃日本的航母部队，扭转战争局势，不过日军在海战再次重创"约克城"号，更迫使美军放弃拯救，使"约克城"号最终在海上翻沉。海战结束后四个月，美国海军将"约克城"号除籍，并把正在建造、舷号 CV-10 的埃塞克斯级航空母舰更名为约克城，以纪念其战绩。

"大黄蜂"号航空母舰

"大黄蜂"号航空母舰是一艘隶属于美国海军的航空母舰，为约克城级航空母舰的三号舰。"大黄蜂"号航空母舰是美军第七艘以大黄蜂为名的军舰，源自美国独立战争时期大陆海军的一艘单桅纵帆船。

"大黄蜂"号在 1939 年开始建造，在 1940 年下水，并于 1941 年服役。服役后两个月日本海军偷袭珍珠港，美国正式参与第二次世界大战。不久"大黄蜂"号便参与了空袭东京，担当杜立德的 B-25 轰炸机海上起飞平台，但这也使它错过了 5 月的珊瑚海海战。6 月"大黄蜂"号参与了中途岛海战，但却因连串不幸而表现恶劣。接着"大黄蜂"号在瓜达尔卡纳尔岛战役期间为陆战队提供空中掩护，并在尔后爆发的圣克鲁斯群岛海战被日军击沉。1943 年 1 月"大黄蜂"号除籍，而海军则把正在建造、舷号 CV-12 的埃塞克斯级航空母舰更名为大黄蜂，以作纪念。

"苍龙"号航空母舰

"苍龙"号航空母舰是日本海军第一艘设计建造的中型航空母舰，与飞龙一样，都属于第二批建造完工的航空母舰，有别于"赤城"号与"加贺"号为巡洋舰改装，苍龙与飞龙最早的设计是"航空战舰"，是为了在华盛顿海军条约之下仍然拥有一定的海上制空权，后来却发现同时要载很多的飞机与大炮是行不通的，而转设计为专职的航空母舰，而有了"赤城"号与"加贺"号的改装经验后，以更成熟的技术将"苍龙"号与"飞龙"号建造成比起前者拥有更高性能的航空母舰。

"飞龙"号航空母舰

　　"飞龙"号航空母舰是"苍龙"号航空母舰的改进型，与"苍龙"号一样属于第二次船舰补充计划（九二计划）中建造的舰艇之一。最初设计是"苍龙"号的同型二号舰。根据航空母舰赤城号和"加贺"号的改装经验与"苍龙"号的施工经验，对"飞龙"号进行更多修正的设计。完工后与最初设计变化很大，"飞龙"号与"苍龙"号的舰型已相差甚远。"飞龙"号航空母舰由横须贺海军船厂建造，1936年7月8日开工，1937年11月16日下水，1939年7月5日完工。在第二次世界大战太平洋战役中参与偷袭珍珠港、威克岛的作战，1942年6月被美国轰炸机群摧毁，沉没于太平洋。

战役结果及影响

　　美国著名海军历史学家塞缪尔·E·莫里森把美国海军在中途岛海战中的胜利称之为"情报的胜利"。美国海军提前发觉日本海军的计划，是日本海军失利的最主要的原因。莫里森还认为但是从中途岛海战日军高炮没有阻止一架轰炸机投弹，以及马里亚纳海战中高炮仅造成了数架美机的损失来看，不宜对战列舰编入航母编队在防空中发挥的作用过高期待，公平地说，美国人的舰载高炮在换装威力巨大的博福斯40毫米及配备近炸引信前也十分差强人意。而且日本和美国战前都在进行战列舰建造竞赛。

　　日本海军计划最明显的失误是分散部署兵力，联合舰队各部队在相隔很远的距离上单独作战，而美国海军最大限度的集中部署兵力。联合舰队的优势被削弱了。日军计划另一个失误是，进攻中途岛本来是诱使敌舰队决战，可却给航空母舰套上支持占领中途岛的任务，并一厢情愿的认为在中途岛受到攻击以前，敌舰队不会离开其基地。日军侦察搜索计划同样不利。最后导致南云遇到进退维谷的难题和来回换装鱼雷、炸弹的尴尬局面。

中途岛海战改变了太平洋地区日美航空母舰实力对比。日军仅剩下大型航空母舰 2 艘、轻型航空母舰 4 艘。从此，日本在太平洋战场开始丧失战略主动权，战局出现有利于盟军的转折。此次海战的特点是双方海上战斗编队在舰炮射程之外，以舰载航空兵实施突击。日军失败的原因是过高估计己方航空母舰的战斗力，同时在两个战役方向作战，兵力分散；情况判断错误，认为美国航空母舰来不及向战区集结；通信技术落后，缺乏周密的海上侦察，直至关键时刻也未查明美航空母舰的位置；战场指挥不当，决心多变。美军获胜的原因是掌握日军进攻企图，及时集结兵力待机；在鱼雷机大部损失的情况下，轰炸机连续俯冲轰炸，导致日军鱼雷机连机带雷爆炸，航空母舰被彻底摧毁。

第九章

■ 血祭沧海 ■
世界经典海战实录
BLOOD SACRIFICE TO THE SEA
THE WORLD CLASSIC NAVAL WARFARE RECORDS

日军疯狂萨沃岛

　　萨沃岛海战是场第二次世界大战太平洋战争中日本海军与盟国海军双方海面舰艇会战的著名海战，也是瓜达尔卡纳尔岛战役爆发5场海战里的第一场，日军以大胜结局。对盟军而言，这次海战的直接恶果就是盟军在8月份到11月份瓜达尔卡纳尔岛海战的3个月的时间丧失了夜间制海权，从而陷入了瓜岛消耗战。对日军而言，这次海战虽然取得了胜利，但是却未能对美军的登陆舰只和陆战部队造成任何损失，从而无法阻止盟军在瓜岛的登陆。

⟡ 小档案 ⟡

作战时间：1942.8.8 ～ 8.9

海战地点：所罗门群岛邻近的萨沃岛

交战双方：美澳盟军 日本

主要指挥官：理查德蒙德·凯利·特纳（美国）、维克托·亚历山大·查里斯·克拉奇雷（英国）、山本五十六（日本）、三川军一（日本）

战斗结果：美澳 4 艘巡洋舰沉没、1 艘巡洋舰受创、2 艘驱逐舰受创、1277 水兵阵亡；日本 1 艘巡洋舰沉没、2 艘巡洋舰受损、58 人死亡。

战前形式

中途岛海战后，日、美海军实力对比发生了很大变化。日本人确认，西南太平洋已成为双方角逐的场所，于是派三川军一海军中将率领第 8 舰队南下，以拱卫赤道以南、东经 141° 以东的水域，部队代号为：外南洋部队。三川军一时年 58 岁，实战经验丰富，在日本海军里，确是一个颇多计谋的人物。接到调令刚两天，三川军一便乘旗舰"鸟海"号重巡洋舰出海，在第 9 驱逐舰战队的护卫下，于 1942 年 7 月 25 日驶抵日占南太平洋重镇特鲁克。他稍事休息，"鸟海"号又兼程南下，5 天后抵达拉包尔的辛普森港。当天，三川军一移旗上岸，将司令部设在一幢古老的楼房里。

拉包尔位于新不列颠岛的西端，它是日军进攻澳大利亚的前哨阵地。这里潮湿、肮脏，年降雨量达 5000 毫米，营房修在山地上还常遭水患。岛上怪石嶙峋，雨林茫茫，蜈蚣、蚂蟥、蛇蝎猖獗一时，令人谈虎色变。几个月前，澳大利亚人主动撤走，日军则乘虚而入，在岛上修起了机场、码头、兵

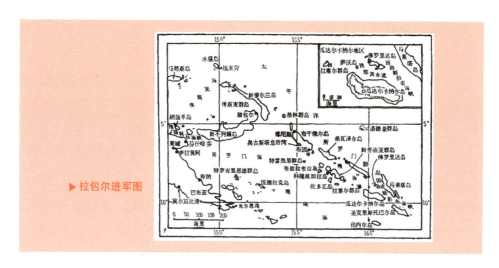

▶拉包尔进军图

营和医院。现在，海军驻守拉包尔的为一支小舰队和第 11 航空舰队所辖的第 25 航空战队，陆军则为百武晴吉中将指挥的第 17 军。

作战参谋向三川军一报告了所罗门群岛上的敌我态势。5 月初，吴镇守府第 3 特别陆战队派出 750 名士兵，先后攻占了图拉吉岛、萨沃岛、佛罗里达岛和圣伊萨贝尔岛；6 月 8 日，图拉吉岛上部分日军跨过海峡，拿下了瓜达尔卡纳尔岛（以下简称瓜岛）的隆加岬，第 11 和第 13 工兵营 2500 名士兵蜂拥而至，在岛上迅速建起了一座野战机场，负责守卫机场的作战部队有 400 人；7 月份，第 14 工兵营的一个连赶到图拉吉，正在修建水上飞机基地。三川军一听后相当满意，显然，瓜岛机场的建成，对日军南下夺取新喀里多尼亚，将是一手十分漂亮的妙棋。

7 月 31 日，三川军一和百武晴吉举行联席会议。17 军忙于搞莫尔兹比港作战，先遣支队已经拿下科科达，并准备长驱直入，继续向前推进。由于欧文斯坦利山脉道路崎岖险恶，重型装备和大宗军需物资运输困难，百武晴吉要求三川军一协同行动，立即开辟一条近海航线。三川军一满口答应，打算在夺取米尔恩湾内的重镇萨马赖和拉比之后，于 8 月中旬进击莫尔兹比港。同时，还负责运送 17 军的羌遣支队攻占布纳。

一连几天，在瓜岛抢修机场的工兵部队接二连三地来电，请求增派飞机。但是，第 11 航空舰队未予同意。美机袭击瓜岛机场的兵力与日俱增，

121

起初为单机骚扰，后为数架轰炸，最多时达 11 架。8 月 5 日，情报部门向三川军一报告，美军近来电讯异常活跃，估计在南太平洋会有所举动。对此，三川军一不以为然。他的判断是：由于日军沿科科达铁路推进迅速，对手大概会派出一支航空母舰特混舰队袭击通往布纳的运输线，或者重施杀手，袭击莱城和萨拉茅阿。

轰炸瓜岛，只是一种牵制行动。三川军一打定主意不理睬瓜岛方向。在一支前往布纳的护航运输队遭到美机拦截被迫返回之后，他对自己的判断更加深信不疑。于是，他下令 3 艘运输舰由 1 艘巡洋舰、2 艘驱逐舰和 2 艘猎潜舰护航，运载 17 军的一支先遣部队，再次前往布纳。他还准备派出自己手头的所有飞机，于 7 日晨空袭拉比。他的注意力，已全部放到了莫尔兹比港方向上。6 日，瓜岛又拍来一份电报，被强行征来的土人夜间全数逃入丛林。情报官收讯后付之一笑，民工出逃的事屡见不鲜，根本不用大惊小怪，何况派出的侦察机已经报告过，在瓜岛南部水域，尚未发现美舰活动的征兆。

7 日清晨，天麻麻亮。三川军一还没起床，情报官就送来一份急电："4时 30 分，图拉吉遭到飞机和军舰的猛烈袭击。发现敌航空母舰特混舰队。"他大吃一惊，这才隐隐觉得自己对敌情判断有误。稍后，瓜岛又发来一份电报："发现敌战列舰 1 艘，航空母舰 2 艘，巡洋舰 3 艘，驱逐舰 15 艘，运输舰 30 至 40 艘。"参谋们匆匆起床，来到了司令部。情况显然不太妙，美军下一步是要在图拉吉和瓜岛同时登陆。

瓜岛和图拉吉岛作战兵力单薄，靠他们和装备精良的美国两栖部队对抗，结局不言自明。不一会，与瓜岛的联络中断，6 时 5 分，图拉吉拍来了报丧电。三川军一一时无法弄清美军是大规模入侵还是火力侦察。不过，从对方使用的兵力看，美军无疑是要夺取并且固守这些岛屿。明确了这一点，他不禁出了一身冷汗。如果美军真的拿下了瓜岛，控制了岛上的机场，那么，日军的南下战略就会全盘落空。

形势相当严峻，三川军一决定进行反击。参谋们火烧眉毛，迅速拿出了应急作战计划：让第 25 航空战队凡能出动的飞机，包括准备空袭拉比的飞机，立即南下攻击瓜岛；让一切可以出动的舰只，前往瓜岛美军锚地，于夜间摧毁敌舰船；在舰队作战的同时，地面部队应马上在瓜岛登陆，将上岛美军赶下海去；第8舰队所辖的5艘潜艇，也要驶往瓜岛水域攻击敌舰船，并与敌保持接触，监视其动向。

这个作战方案的致命弱点是美国航空母舰特混舰队的威胁。据估计，美军有两三艘航空母舰在瓜岛邻近水域活动，它们至少会抽出一艘来拦截准备增援瓜岛的日本舰队。第25航空战队的岸基飞机可以设法牵制住对手，但却无法排除这种可能性：第8舰队会遭到美国航空母舰部队的毁灭性打击。另一个麻烦是步兵必须迅速登陆瓜岛，如行动迟缓，美军就有可能站稳脚跟。第17军矜持自负，认为赶走美军不成问题，不肯动用前去攻击莫尔兹比港的兵力。三川军一别无他计，只好先拼凑315人，让5600吨"阴阳丸"运兵船搭载，在一艘布雷舰和一艘补给舰的护卫下，南下瓜岛。"明阳丸"时运不济，航渡途中被美国"8—38"号潜艇用鱼雷击沉。

10时30分，第8舰队司令部中人员出出进进，忙作一团。忽然，高炮部队三声炮响，发出空袭警报。参谋们纷纷冲到楼外，只见13架B—17轰炸机向东飞去，高度大约7000米。美机一反常态白昼来袭，其意图无非是想炸毁拉包尔机场，阻止日机南下驰援。

除了第6巡洋舰战队的6艘舰只外，其余舰只刚从各部队调来，还从来统一编队演练过。各舰的速度不同，加上夜间编队航行要求十分严格，又须时常改变航向，故难度相当大。不过，三川军一对这一点倒颇具信心。日军

▲ B—17 轰炸机

一向擅长夜战，各舰舰长操舰水平高超，只要稍加留意，问题应该不大。不放心的是舰队要通过一片来经认真勘测的水域，水下情况不明，唯恐触礁。最终，他听取了一位部属的建议，舰队将直接沿所罗门群岛之间的中央航道（俗称"槽海"）南进。据说"槽海"的水深，即使走战列舰亦无问题。

14时，前去攻击瓜岛美军锚地的27架一式陆上攻击机、17架零式战斗机和9架九九式舰载俯冲轰炸机返航。除九九式声称击伤敌驱逐舰2艘外，其他飞机一无所获。侦察机报告说，尚未发现敌航空母舰特混舰队。

半小时后，"鸟海"号重巡洋舰升起中将旗，三川军一登舰。在"天龙"号，"夕张"号轻巡洋舰和"夕凪"号驱逐舰的伴随下，"鸟海"号徐徐驶出辛普森港。南国的天空高朗少云，港内水平如镜。战舰溅起万朵水花，直驶圣乔治水道。17时30分，4舰与从卡维恩赶来的第6巡洋舰战队会合。这时的兵力编成为：巡洋舰7艘，驱逐舰1艘。

不久，夜幕垂临。三川军一接到瞭望哨报告，正前方发现美国潜艇。他下令舰队转向东驶，以迷惑敌人，便折向南行。8舰摆成单路纵列，顺序依次为："鸟海"号、"青叶"号、"加古"号，"衣笠"号、"古鹰"号重巡洋舰，"天龙"号、"夕张"号轻巡洋舰，"夕凪"号驱逐舰。

实力 PK

美 澳
战列舰、巡洋舰、驱逐舰、运输舰等 80 艘

日 本
"鸟海"号重巡洋舰　　　　"青叶"号重巡洋舰

"加古"号重巡洋舰　　　　"衣笠"号重巡洋舰

▲ 日军天龙号轻巡洋舰

"古鹰"号重巡洋舰　　　　　"天龙"号轻巡洋舰

"夕张"号轻巡洋舰　　　　　"夕凪"号驱逐舰

精彩回放

图拉吉岛和瓜岛战役

中途岛大捷后，美军士气大振，试图发起进攻。但是，美国海军太平洋舰队司令尼米兹行事谨慎，加上手头兵力短缺，因此不愿冒险攻打拉包尔、特鲁克等日军重镇。他和全美海军总司令金上将权衡再三，才决定进行一次不大不小的战役——瞭望台战役，进攻所罗门群岛中的图拉吉岛和瓜岛。

金上将的战役企图有三：挫败日军的南下战略；在美国和澳大利亚之间的航线上设一哨卡；在所罗门群岛上立住脚，以便将来反攻。

早在1942年4月，美军就把太平洋分成了两个战区：西南太平洋战区，司令官为麦克阿瑟陆军上将；太平洋战区，司令官为尼米兹海军上将；同时把赤道以南，东经160°以东洋面划作南太平洋战区，仍隶属尼米兹统辖，5月17日，尼米兹任命戈姆利海军中将为南太平洋战区司令，司令部就设在新喀里多尼亚的努美阿。6月中旬，美海军陆战一师漂洋过海，到达新西兰，准备在瞭望台战役中任主攻。它的任务是，拿下瓜岛和图拉吉。

运送陆战一师的舰船总计23艘，指挥官为特纳海军少将。为运输队护航的有8艘巡洋舰和9艘驱逐舰，指挥官为克拉奇雷海军少将。空中支援编队由"萨拉托加"号、"黄蜂"号、"企业"号3艘航空母舰，"北卡罗林纳"号战列舰，6艘巡洋舰，16艘驱逐舰和3艘油船编成，指挥官为弗莱彻海军少将，旗舰是"萨拉托加"号。

8月7日晨，经过惊天动地的舰炮轰击之后，美陆战一师18 000人由师长范德格里夫特率领，在充满热带风光的图拉吉岛和瓜岛大举登陆。由于这次作战出乎日军意外，兵力又占压倒优势，登陆进展顺利。守岛日军拼死顽抗，仍无法挡住美军潮水般地冲击。美军很快就控制了图拉吉岛西南端的滩头阵地和瓜岛的隆加岬，后经一天激战，便占领了图拉吉全岛，并夺取了瓜岛即将建成的机场。

为了提防日军袭击挤在登陆滩头的舰只，美军在比较远的距离上配置了潜艇和航空兵，以尽早掌握日军动向。在特鲁克岛和所罗门群岛之间的航道上，共派有6艘潜艇，在俾斯麦海内活动的潜艇更多。空中侦察实力更强，由太平洋战区岸基航空兵、麦克阿瑟的陆军航空兵和弗莱彻指挥的舰载航空兵共同负责。

7日20时，三川军一舰队出动不久，"S—38"号潜艇就拍回报告："驱逐舰2艘，舰种不明的大型舰只3艘，高速向东南方向航进。"因距离尚有500余海里，舰只又少，特纳就未把它们放在心上。

8日10时，南太平洋战区一架侦察机再次发现三川军一舰队。飞行员漫不经心，一直拖延了6小时，才报告敌情，而且误报敌编队中有2艘水上飞机母舰。这使特纳错上加错，竟以为日舰队是要去某个海岛修建水上飞机场。

▶日军使用的"长矛"鱼雷

除运送登陆兵外，23艘运输舰还装满了各种作战物资，卸载需要4天。在这4天内，特纳迫切需要弗莱彻的空中保护。可是，8日午后，运输舰卸载刚过四分之一，弗莱彻就借口飞机损失和燃料不足不辞而别，将航空母舰特混舰队撤出了瓜岛水域。

弗莱彻一走，滩头区失去了空中掩护，特纳十分惊慌。当晚，他赶忙召集护航司令克拉奇雷和陆战一师师长范德格里夫特来隆加岬，在运输队旗舰"麦克雷"号开会，研究对策。克拉奇雷乘"澳大利亚"号驶来，将护航舰队的指挥权临时交给了"芝加哥"号舰长波特上校。动身前，他将舰队作了如下部署。在瓜岛和图拉吉岛之间有一个小岛——萨沃岛。在萨沃岛外侧，配置"布鲁"号和"塔尔波特"号驱逐舰，两舰装有SC型雷达，负责监视出入海峡的西口。在萨沃岛内侧，则划分为南、北、东3个巡逻区。南区巡逻队编成"堪培拉"号、"芝加哥"号、"澳大利亚"号巡洋舰，"巴格雷"号、"帕特森"号、"贾维斯"号驱逐舰，负责封锁萨沃岛和瓜岛埃斯帕恩斯角之间的入口；北区巡逻队编成有"文森斯"号、"昆西"号。"阿斯托里亚"号巡洋舰，"威尔森"号、"赫尔姆"号驱逐舰，负责封锁萨沃岛和佛罗里达岛之间的入口；东区巡逻队编成有"圣胡安"号、"荷巴特"号巡洋舰，"蒙森"号、"布奇曼"号驱逐舰，负责封锁隆加岬以东的水域。其余舰只，则分别在图拉吉岛和瓜岛的登陆场外构成警戒幕。

克拉奇雷自信做好了迎战日本舰队的准备，但是，由于他对三川军一的动向一无所知，所以并未采取进一步措施。特纳对天明后日机来袭忧心如焚，在卸下必要补给品后，运输队第二天将全部撤走。范德格里夫特火气冲冲，一再强调卸下的补给太少。双方争执不下，会议一连开了几个小时，气氛相当紧张。他们谁都未曾料到，就在这个漆黑的夜晚，三川军一舰队已经闯过了"布鲁"号和"塔尔波特"号的警戒，正在步步逼近克拉奇雷的南区巡逻队。

南萨沃岛行动

与美军麻痹大意的情形相反，三川军一一路上进行了周密地侦察和精心策划。8日4凌晨时，5艘重巡洋舰各派一架水上飞机前往图拉吉和瓜岛侦察。7时25分，一架飞机报告，在爪岛以北水面，发现敌战列舰1艘，巡洋舰4艘，驱逐舰7艘，运输舰15艘；不久，该机又报告说，在图拉吉附近，发现敌巡洋舰2艘，驱逐舰12艘，运输舰3艘。尽管两次报告对敌航空母舰只字未提，报告的舰种、舰数未必准确，但有一点可以确定，美军主力仍在瓜岛。

三川军一猜测，美国航空母舰特混舰队大概在瓜岛南部或东南部水域待机，如果距离登陆滩头超过100海里，那么，只要自己日落前不太靠近瓜岛，日舰就不会遭到美机攻击。他一路提心吊胆，只害怕弗莱彻的航空母舰。对美军的其他大型舰只，则一概没有放到眼里。

8时25分，一架赫德逊式侦察轰炸机飞来，尾随舰队。三川军一下令左转90°，以欺骗敌机飞行员。美机果真转向北飞，舰队又恢复到原航向。20分钟后，水上飞机侦察归来，日舰刚刚将它们吊上各自的飞行平台，一架赫德逊式侦察轰炸机又趁势低空进入。备舰高炮一齐怒射，敌机仓皇飞走了。日舰队大摇大摆，鱼贯驶入了布干维尔海峡。

这次接触使三川军一确信自己已被美方发现，美国侦察机将接踵飞来，或许还会发动空袭。由此看来，抵近瓜岛越早，风险越大。于是，他下令舰队减速，并将原定的攻击时间后推了一小时。

日舰队看到了轰炸瓜岛和图拉吉岛后返航的日机。日机三三两两，没有编队，显然遇到了激烈抵抗。不久，舰队又加速到24节。14时30分，三川军一用灯光信号将作战方案通知各舰：我舰队拟从萨沃岛南部水域进入，用鱼雷攻击瓜岛的敌主力部队，然后驶向图拉吉登陆滩头，用鱼雷和舰炮摧毁敌舰船。我舰队将从萨沃岛北部水域撤出战斗。

舰队径向南行，一小时后，情况突起波折。瞭望哨报告，舰首右舷方向发现舰桅，距离30 000米，是敌是友，一时莫辨。三川军一命令做好战斗准备，舰桥上气氛紧张。良久，他才恢复常态。望远镜内，目标历历在目，原来是第11航空战队的"秋津洲"号水上飞机母舰，正驶往吕佐岛，去修建水上飞机基地。

这时，情报部门截获到大量美军电讯，音量大，且十分清晰，大多是舰载机飞行员降落时的交谈。三川军一心头大喜，其时日近黄昏，美国航空母舰既然在回收飞机，今天就决无遭到空袭的可能。

三川军一知己知彼，对夜袭瓜岛充满了信心。当南太平洋的落日垂下海面时，他下令各舰将甲板以上所有可燃物抛入海中，并对弹药、鱼雷进行了最后整备。同时，他还发出了如下将令：作为帝国海军传统的夜战，此次出击必须获胜，各位务必冷静沉着，全力奋战。

夜幕徐徐降临，各舰以"鸟海"号为首，排成单纵列，间距1200米。21时10分，5艘重巡洋舰再次派出水上飞机，前往目标水域进行战术侦察，并负责投掷照明弹。飞行员缺少夜间弹射起飞的经验，但从水上起飞容易耽搁时间，甚至会搅乱队列。飞行员奉令冒险一试，不料一切顺利，5机弹射都获成功。天色完全黑暗下来，日舰在信号桅上挂起了白色识别旗，随后加速到26节。

少许，派出的水上飞机报告说，萨沃岛南侧发现3艘巡洋舰。22时，全体舰员进入战位，各舰做好了战斗准备，航速增加到28节。三川军一决定

▲ 美军重巡洋舰

按原计划行事，让舰队沿瓜岛海岸进入，绕到萨沃岛南面后，再折向图拉吉。

22 时 40 分，在右舷 20°方位，人们看到了萨沃岛的模糊暗影。舰桥上，人人都感到战斗在即。刚过 3 分钟，瞭望叫道："右舷 30°，驶来敌舰一艘。"来舰正是美国雷达哨舰"布鲁"号，距离 10 000 米。它从古向左，恰好截住了三川军一舰队的前进航路。三川军一面临着两种选择：一、炮击"布鲁"号；二、转向规避。他稍时踌躇，便断然下令左舵，同时，将航速减至 22 节。舰队高速行驶时留下的尾迹容易暴露自己，他不愿打草惊蛇。司令舰桥内，人们全神贯注地盯着"布鲁"号，从其旁若无人的举止看来，似乎还没有发现三川军一舰队。"布鲁"号上的雷达不可靠，稀里糊涂地前行一段航程后，便转舵折回，沿规定航线向前搜索，对于剑拔弩张的日本舰队，仍是一无所知。

这时，又一名瞭望大声报告："左舷 20°，发现敌舰。"三川军一不假思索，下令右舵，取 150° 航向，直插瓜岛和萨沃岛之间的水道。

这次发现的是"塔尔波特"号雷达哨舰。由于美舰过分相信雷达，瞭望兵的夜暗目标识别力又差，"塔尔波特"号同样没有发现日舰。片刻，它走到了既定巡逻线的尽头，然后掉头向东北方向行驶，与日舰正好背道而驰。

三川军一纵列避过了美军布下的警戒哨，悄悄消失在夜幕之中。23 时 30 分，三川军一下达了攻击令，舰队再次加速，达 30 节。为纵队殿后的"夕凪"号驱逐舰航速低，已奉令返回，前去收拾"布鲁"号和"塔尔波特"号，为舰队外撤扫清道路。

三川军一一动不动地站立在司令舰桥内，面前是一张标有美舰位置的海图。黑暗中，舰队成一字长蛇，向东南方向行驶。忽然，瞭望的喊声打破了死一般的寂静："左舷 7°，发现敌巡洋舰。"

三川军一举目望去，敌舰舰影较小，估计是一艘驱逐舰（它是"贾维斯"号，当时正与日舰队相向航进）。"右舷 9°，敌巡洋舰 3 艘！"舰桥内，又传来了瞭望的喊声。恰好，一架水上飞机投下了照明弹，将"堪培拉"号、"芝加哥"号和"巴格雷"号的侧影照得一清二楚。美舰就在右舷前方，距离 8000 米。"鸟海"号舰长早川大佐冲三川军一狡黠一笑，接着转向话筒，狂喊道："朝右舷发射鱼雷！——放！"

这时的时间是：23 时 37 分。

"芝加哥"号严重失职

美军最先发现三川军一舰队的是"帕特森"号驱逐舰。它当即用无线电发出警报："警报——警报，未判明舰只正在进港！"但是，为时已经太晚。在日机投下的照明弹的照耀下，"鸟海"号、"青叶"号、"加古"号 3 舰一起发炮，将"堪培拉"号打了个猝不及防。"堪培拉"号主炮尚未转向，全舰就中了 24 发炮弹和两枚鱼雷。舰长负致命伤，枪炮长阵亡，主机停下，火灾蔓延到整个上层甲板，舰体向右倾斜 10°。这艘澳大利亚巡洋舰仅仅打了几发炮弹和两枚鱼雷，就丧失了战斗力。天亮后，美军只好忍痛割爱，用鱼雷将它击沉。

"帕特森"号发出警报后，又用闪光灯向各舰报警，并满舵左转，向日舰上空发射照明弹。舰长下令发射鱼雷，开炮打敌舰。此时，三川军一舰队已向东北方向航进，"帕特森"号高速行驶，做"之字"运动。炮战中，它的 4 号炮位中弹，炮弹爆炸引燃了备用炸药，毁掉了两门炮。但它没有退缩。它再次转向与日舰队航向平行，用其余各炮猛轰三川军一舰队尾舰，直到看不清目标为止。

一接到"帕特森"号发出的警报，"巴格雷"号便看到了三川军一的巡洋舰队。它急忙左转，好让鱼雷发射管对准目标。由于转向太快，鱼雷兵还未做好准备，驱逐舰就错过了最佳射击角度。"巴格雷"号没有气馁，继续

◀**战斗结束后接受修理的芝加哥号**

左转一周，以便鱼雷兵再度瞄准。可是，这一延搁毕竟错失良机，短短几分钟内，日舰队就隐入夜幕，踪影全无。

日舰驶过"巴格雷"号时，距离不到 2000 米。三川军一没有攻击"巴格雷"号，他让几艘重巡洋舰的火炮一齐瞄准了一个大目标——美国巡洋舰"芝加哥"号。"芝加哥"号看到了日机投下的照明弹和日舰发射鱼雷的橙色闪光。其时，舰长波特上校正在睡觉。他匆匆奔上舰桥，发现黑暗中有两个目标高速驶来。他下令用 127 毫米炮发射照明弹，不巧照明弹不着火，徒费气力。右舷，发现一枚鱼雷航迹，"芝加哥"号急向右转；忽然，左前方出现鱼雷，"芝加哥"号又突向左转。波特上校来回转舵，企图让战舰从鱼雷航迹中间直穿过去。但终归忙中生乱，"芝加哥"号舰首中雷，水柱腾空而起，使前甲板上涌满了海水。日舰大炮轰鸣，一发炮弹击中了前桅。"芝加哥"号奋勇还击，由于三川军一行动快，他仅向开灯离队行驶的"夕凪"号发射了 25 发炮弹。"夕凪"号赶紧关闭了探照灯。"芝加哥"号失去了目标，于是缓缓向西航行，撤出了战斗。可是，作为护航舰队的旗舰，"芝加哥"号竟严重失职，没有将战斗情况用无线电通知北区和东区巡逻队。

萨沃岛作战

三川军一舰队一直以单纵列航行。当"鸟海"号左转 69°，取东北航向杀向北区巡逻队时，队列中第 5 舰"古鹰"号为了避免和"衣笠"号相撞，只左转到 11°。黑暗中，尾随"古鹰"号的"天龙"号、"夕张"号轻巡洋舰不知情由，也跟着左转 11°。这样一来，三川军一舰队便分成了两个舰群，一队以"鸟海"号为首，为 4 艘重巡洋舰，一队以"古鹰"号为首，为 1 艘重巡洋舰和 2 艘轻巡洋舰。

"鸟海"号司令舰桥内，三川军一接到报告，左舷 30° 方位发现美国舰队。早川大佐下令打开探照灯，23 时 53 分，舰炮开始轰击北区巡逻队的"阿斯托里亚"号巡洋舰。而"鸟海"号的探照灯，既为舰炮逮住了目标，又向各舰通报了旗舰的位置。双方相距 7000 米，日舰每次炮击都击中对手，美舰起火燃烧，几分钟后，美舰开炮还击，无一命中。双方愈战愈近，战斗进入白热化。机关炮发狂地扫射着，在茫茫的夜空中织出了道道光怪陆离的图案。

南区和北区相距 10 海里，当三川军一袭击南区时，北区巡逻队还一直蒙在鼓里。"阿斯托里亚"号的值日官将鱼雷爆炸当成是美舰在投掷深水作弹，把三川军一的水上飞机当成友机，对照明弹的闪光也毫不介意。直到"鸟海"号的探照灯照来，炮弹铺天盖地般地落在己舰四周的时候，才感到大事不妙，仓促下令还击。

舰长被叫醒。他根本不相信是日舰来袭，一冲进舰桥，就命令停止炮击。他说："'阿斯托里亚'号打的是友舰，这样做太草率、莽撞！"过了两分钟，经枪炮长再三恳求，才同意开火。至此，"鸟海"号已向它齐射了 4 次，并修正了弹着点。炮弹一发接一发地飞向"阿斯托里亚"号，将它的上层建筑打中起火，使之成了醒目的标靶。"青叶"号、"加古"号也凶猛炮击，"阿斯托里亚"号通讯中断，上甲板百孔千疮，火焰眩目，前主炮和副炮被毁，舱内浓烟滚滚，很快丧失了战斗力。它踉踉跄跄地逃向萨沃岛，企图抢滩，但终因救助不力，于 9 日中午沉没。

日舰"青叶"号打开探照灯，将"阿斯托里亚"号前面的"昆西"号巡洋舰照得通亮。日军两个舰群左右夹击，排炮迅猛异常，将"昆西"号被击的晕头转向。一发炮弹击中舰尾，将"昆西"号携带的水上飞机打着，整个舰尾烈火熊熊。"青叶"号关闭了探照灯，日舰躲在暗处，朝着起火的"昆西"号发狠射击。"昆西"是一艘勇敢的战舰。在看到日机投下的照明弹和收到"帕森斯"号的警报后，它就做好了战斗准备。它不知道日舰在哪里，只是循着敌炮炮口闪烁的火光，用203毫米炮进行回击。有3发炮弹击中了"鸟海"号，其中一发摧毁了4号炮塔，一发落在舰桥后的海图室。司令舰桥内惊恐失色，如果这枚炮弹再靠近舰桥5米，就可以将三川军一军一等高级将佐全数击毙。激战中，"天龙"号轻巡洋舰发射鱼雷，一下击中"昆西"号4号机舱。"昆西"号舰内发生爆炸，大约半小时，这艘令敌丧胆的巡洋舰，就在染尽血水的海洋中消失了。

在"阿斯托里亚"号、"昆西"号前面的是"文森斯"号巡洋舰。当它被3艘日舰的探照灯照住时，舰长弗利科上校还误以为遇上了南区巡逻队。他用无线电连连呼叫，要求3舰关掉探照灯。3舰回以猛烈炮火。弗利科赶忙下令发射照明弹，同时用203毫米主炮还击。第二次齐射后，"文森斯"号中部中弹，弹射器上的水上飞机起火。日舰关掉探照灯，朝着熊熊燃烧的标靶进行集火射击。弗利科寡不敌众，遂下令右满舵，企图撤走。这时，左舷突然连中两雷，8分钟后，又中了第3枚鱼雷。"文森斯"号大量进水，舰体严重左倾。它紧跟"昆西"号后沉，15分钟后相继沉没。三川军一集中火力猛轰美军巡洋舰，对在两翼警戒的"赫尔姆"号、"威尔森"号驱逐舰未予认真攻击。日舰扬长北驶，途中又与雷达哨舰"塔尔波特"号接战。"夕张"号大显神威，将其击成重伤。这时，停泊在瓜岛和图拉吉岛的美军运输舰只一片恐慌。它们纷纷停止卸载，起锚出航，好似一群无人放牧的绵羊，个个都是极好的猎获目标。然而，就在这个节骨眼上，三川军一舰队撤走了。

三川军一有些胆怯。尽管他已大获全胜，美国航空母舰特混舰队的阴影却像一块沉重的巨石，一直压迫着他的敏感的神经。他的舰队已经一分为三，在单独作战。如果前去攻击登陆场，他还得摸黑集合舰只，然后编队接敌。这需要两个半小时，待他发起攻击时，已是9日3时，离日出只剩一个小时。根据夜间收到的情报，敌航空母舰特混舰队就在瓜岛东北方向 100 海里的水域，如果弗莱彻趁暗夜向瓜岛行进，天亮前即可进入攻击圈。届时，他的舰只纵然使出浑身解数，也难免重蹈中途岛海战的覆辙，遭到灭顶之灾。明智之举是立即撤退，让舰队高速北驰，以尽快摆脱美国舰载机的威胁。

沙场点将

理查德蒙德·凯利·特纳

理查德蒙德·凯利·特纳（1885 年～1961 年），美国太平洋地区两栖部队司令，海军上将。美军中有名的"两栖战之王"。

生于俄勒冈州波特兰，1908 年毕业于安纳波利斯的美国海军学院。在 201 名学员中名列第五。1910 年第一次巡航结束后，授海军少尉衔。1916 年毕业于海军兵工学校。第一次世界大战中在四艘战舰上任射击军官。1917 年 1 月海军上尉，12 月海军少校。1919～1922 年在华盛顿海军基地任军火射击军官。

1923～1924 年大西洋的战列舰上服役。1924～1925 在太平洋指挥梅莱茵号军舰。1927 年在彭萨克拉获得飞行员资格，1928～1929 年在美国亚洲舰队指挥航空中队，1929～1931 年担任岸上职务任航空局计划处处长。出席 1931～1932 年日内瓦裁军会议。1933～1934 年在"萨拉托加"号航空母舰上任行政军官，1934～1935 年任改舰战斗运输队指挥官亨利·巴特勒将军的参谋长，1935 年在海军军事学院进修，晋升海军上校，毕业后留校任参谋部战略处处长，后决定回部队，不再留在航空兵，1938 年任巡

▲ 理查德蒙德·凯利·特纳

135

洋舰阿斯托利亚号舰长。1940年任海军部作战、计划处处长。1941年1月晋升准将。1945年任太平洋两栖作战部队司令，5月24日晋升海军上将。参加了盟军在东京湾的受降仪式。后任美国驻联合国军事参谋部海军代表，1947年7月1日退役。

三川军一

三川军一（1888～1981年）是日本海军在大正、昭和年间的一位将官，广岛县出身，毕业于广岛一中，海军军校38期。最终阶级是海军中将。太平洋战争开战时为第三战队司令官，参加偷袭珍珠港、中途岛海战等主要海战。1942年7月任第八舰队司令长官、萨沃岛海战亲临战场指挥作战胜利，作战中率领日军舰队90分钟内击沉盟军4艘巡洋舰。

之后接任航海学校长、第二南遣舰队司令长官、南西方面舰队司令长官、第十三航空舰队司令长官、第三南遣舰队司令长官，1945年5月转预备役。

虽然在第一次所罗门群岛海战率领第八舰队获得优秀战果。但是在战场上放弃原先任务，转向攻击盟军巡洋舰队，而放过运输舰。使得一万九千名盟军部队成功登陆，并占领图拉吉岛，使其作为一名舰队指挥官的评价一直没有明确定论。

相关链接

"鸟海"号重巡洋舰

鸟海号是日本第二次世界大战时期四艘一万吨条约型重巡洋舰高雄级中的一艘。始建于1928年（昭和三年三月二十六日），于1931年（昭和六年四月五日）下水，并在1932年（昭和七年六月三十日）正式竣工。鸟海号在建成后一度担任第二舰队旗舰，并以此身份参加了昭和八年特别大演习。在紧接着的昭和八年特别阅舰式中担任天皇御召舰比　的先导舰（其余三艘高雄级分别担任供奉舰）。太平洋战争期间鸟海号先后参加过马来半岛战役、印度洋海战、中途岛海战、第一次所罗门海战、第三次所罗门海战、马里亚纳海战、莱特湾海战和最后的萨马岛海战。

"青叶"级重巡洋舰

1922年日本海军率先开始建造2艘古鹰级（于1926年完工）。后续舰设计经过大幅改进，于1922年7月批准建造2艘古鹰级改进型：青叶号与衣笠号，属于补充计划中的第四甲级巡洋舰，是八八舰队造舰计划中8000吨级侦察巡洋舰，1924年开始建造。青叶级与古鹰级基本设计相同，在舰形、结构等方面相似，力图在有限舰艇吨位下尽可能确保火力以及航速方面的优势。最大的改进是主炮以及炮塔的配置，由古鹰级装备200毫米口径主炮单装炮塔6座变更设计为3座双联装炮塔，在舰桥之前甲板呈背负式配置2座炮塔，舰体后部布置1座主炮塔（古鹰级在现代化改装中主炮塔改装为与青叶级相同形式），新型双联装炮塔采用新的扬弹装置以及自动化装填机构，改进炮弹装填方式使得主炮装填时间缩短。青叶级用弹射器替代古鹰级装备的水上飞机滑台，衣笠号还是第一艘安装飞机弹射器的日本军舰。改进了舰首舷弧改善适航性，舰桥结构也进行改动，航速达到36节。由于改动幅度大，因此一般将古鹰级改进型单独划分成青叶级。青叶级虽然较古鹰级进行较大改进，但基本设计相同，舰体相对较小，基准排水量八千吨级，青叶级火力及防护都与后期建造的万吨级条约型重巡洋舰有较大的差距。

1937年（昭和十二年）开始，青叶级重巡洋舰进行了现代化改装，强化船体强度，降低船体重心提高复原性。主炮口径由200毫米增大到203毫米，威力增强（最大射程29 700米，初速835米/秒，射速5发/分钟，仰角55度，使用九一式穿甲弹，射程20 000米可穿透144毫米装甲，每门主炮备弹320发）。鱼雷发射管由中甲板固定式修改为上甲板回旋式，由12个发射管减少到8个，2座四联装鱼雷发射管布置在后部上层建筑两侧各一座，加强了防空火力，改进了动力系统，更新了指挥设备。改装后青叶级重巡洋舰排水量增加，航速下降。经过现代化改装后，青叶级与古鹰级很相似（古鹰级现代化改装中改装3座双联装主炮塔，与青叶级的配置相同。有资料将古鹰级、青叶级归为一个型级，统称古鹰级）。外观上最显著的区别是后桅的位置，青叶级置于弹射器和后部炮塔之前，古鹰级则是布置在弹射器和后部炮塔之间。烟囱的样式也有不同，而且青叶级的舰桥结构更大。另外，古鹰级、青叶级的前桅均为单柱桅，青叶号后来在维修中前桅改为轻型三脚桅。

战役结果及影响

萨沃海战是美国海军蒙受的最惨重的失败之一。它使已经登上瓜岛的陆战一师陷入了非常危险的境地，使瞭望台战役差一点半道夭折。从这次惨败中，美军汲取了一系列教训：空中支援编队、护航舰队、运输部队配合失调；对日军意图判断有误；舰队缺少夜战训练；空中侦察不力；通讯联络迟缓；对SC雷达性能估计过高；临阵缺少统一的指挥等。经过沉痛反省，美军又顽强崛起，越战越强，在日后几场争夺瓜岛制海权的较量中，终于和日军斗得旗鼓相当。

这次海战，日方称为第一次所罗门海战。美军聊以自慰的是："s—44"号潜艇击沉了归航途中的日军"加古"号重巡洋舰，护航舰队司令克拉奇雷则宣称自己完成了任务，用血与火的战斗阻止了三川军一舰队冲进登陆滩头，保护了运输舰船的安全。

血祭沧海
世界经典海战实录
BLOOD SACRIFICE TO THE SEA
THE WORLD CLASSIC NAVAL WARFARE RECORDS

东所罗门海战

东所罗门海战（也称为斯图尔特岛战役，在日本方面，称为第二次所罗门海战役），发生在 1942 年 8 月 24 日 ~ 1942 年 8 月 25 日，也是第二次世界大战太平洋战争中第 3 次航母战役和瓜达尔卡纳尔岛战役期间美国海军与日本海军之间的第二大战斗。自从在珊瑚海和中途岛以来，双方的舰艇从来没有直接看见对方。相反，任何一方所有的攻击均由航空母舰或陆基飞机实施。

❖小档案❖

作战时间：1942.8.24 ～ 8.25

海战地点：所罗门群岛圣伊莎贝尔岛北部

交战双方：美澳盟军 日本

主要指挥官：罗伯特·哥姆雷（美国）、杰克·弗莱彻（美国）、山本五十六（日本）、南云忠一（日本）

战斗结果：美澳盟军1艘航空母舰受损、损失25架飞机、90人死亡；日本损失1艘轻型航空母舰、1艘驱逐舰、1艘运输舰沉没、1艘轻巡洋舰、1艘水上飞机母舰严重受损、损失75架飞机、290人死亡。

战前部署

1942年6月16日，日军登上瓜达尔卡纳尔岛，并在岛上开始修建机场。7月4日，美侦察机发现这一情势。为了阻止日军继续向东南推进，美军于8月7日在瓜岛登陆，攻占了日军即将竣工的机场。日海军军令部立即派第8舰队三川军一海军中将率队从海上实施反击，8月8日夜，遂发生了萨沃岛海战。在萨沃岛海战中，美海军沉巡洋舰4艘，伤巡洋舰1艘、驱逐舰1艘，从而被迫撤离瓜岛海域。已经登陆的美海军陆战第1师，则在岛上构筑工事，准备随时击退日军的反扑。

日军趁机派一木清直大佐率先遣队（1000人）分乘6艘驱逐舰，于8月16日从特鲁克海军基地启航，直驶瓜岛。一木骄矜自负，急于求功，未待后续部队到达，即于20日开始夜袭。美军依托防御工事进行坚决抗击，并有坦克部队支援，一木先遣队不促未能达成预期目的，反而几遭全歼。一木深感无地自容而绝命。

8月21日晚，日东南前线指挥机构获悉一木支队的先遣队被歼，颇感惊愕。陆、海两军指挥官经过磋商，决定派一支增援部队于翌日出发，期于8月底前将岛上美军赶下海去。第8舰队则全力保障增援部队的航渡安全，并掩护其登上瓜岛。与此同时，山本五十六以"大和"号战列舰为旗舰，在"大鹰"号轻型航空母舰和3艘驱逐舰的护航下，活动于所罗门群岛以北海域，企图诱出美军特混舰队，予以歼灭。为了实现前述的作战企图，他将直接参战的水面舰只分编为5个战术群：

1.先遣群——辖有战列舰1艘（"陆奥"号）、水上飞机母舰1艘（"千岁"号，载水上飞机22架）、巡洋舰6艘和驱逐舰8艘，负责先期查明敌舰队的接近情况，并将其诱向日军主力所在方向，在主力群与敌交战时积极予以支援与掩护。

2.牵制群——编有轻型航空母舰和巡洋舰各1艘、驱逐舰2艘。其航空母舰为"龙骧"号，载有战斗机16架和鱼雷机21架，其主要任务是，设法将美军的母舰飞机引诱过来，为主力群的攻击行动创造有利条件。

3.主力群——主要由2艘航空母舰组成，指派6艘驱逐舰为其护航，另有战列舰2艘（"比睿"号和"雾岛"号）、巡洋舰4艘和驱逐舰6艘担任前卫任务。2艘航空母舰为"翔鹤"号和"瑞鹤"号，前者载战斗机26架、轰炸机14架、鱼雷机18架和水上飞机1架；后者载战斗机、轰炸机各27架和鱼雷机18架。其基本任务是，乘美母舰飞机被牵制群引开时，前去攻

▲ 海战中，美军的防空炮火

击敌航空母舰。

4.对岸（射击）群——编有巡洋舰4艘，负责以舰炮轰击岛上的美军阵地，特别是机场，为增援部队的突击上陆提供火力准备与支援。

5.增援群——包括输送队和护航队两个部分。输送队编有辅助巡洋舰1艘（"金龙"丸，9300吨）和由旧式驱逐舰改装的运输舰4艘；护航队编有巡洋舰6艘和驱逐舰8艘，负责将增援部队送上瓜岛。

这时，美军也正在调兵遣将。根据美军参谋长联席会议的指令，南太平洋战区司令戈姆利海军中将将现有海上兵力编为第61特混编队，由弗莱彻海军中将统率，下辖3个特混大队：

1.第11特混大队——由弗莱彻亲自指挥，以"萨拉托加"号航空母舰为核心，由"明尼阿波利斯"号，"新奥尔良"号巡洋舰和5艘驱逐舰护航。"萨拉托加"号上载有战斗机36架、轰炸机37架、鱼雷机15架。

2.第16特混大队——由主凯德海军少将指挥，以"企业"号航空母舰为核心，另有"北加罗林纳"号战列舰随该大队一起行动，由"波特兰"号、"阿特兰塔"号巡洋舰和6艘驱逐舰护航。"企业"号载机与"萨拉托加"号相同。

3.第18特混大队——由诺伊斯海军少将指挥，以"黄蜂"号航空母舰为核心，由"圣胡安"号、"旧主山"号、"盐湖城"号巡洋舰和7艘驱逐舰护航。"黄蜂"号载战斗机29架、轰炸机36架和鱼雷机15架。

此外，美国海军还从珍珠港和东海岸抽调"大黄蜂"号航空母舰、"华盛顿"号和"南科他"号战列舰，以及若干艘巡洋舰、驱逐舰，前来加强南太平洋的海军兵力。

实力 PK

美澳盟军

2 艘航空母舰（萨拉托加号、企业号）　1 艘战舰

4 艘巡洋舰　　　　　　　　　　　　11 艘驱逐舰

176 架飞机

日 本

2 艘航空母舰（翔鹤号、瑞鹤号）　　1 艘轻型航空母舰"龙骧"号

2 艘战舰　　　　　　　　　　　　16 艘巡洋舰

25 艘驱逐舰　　　　　　　　　　　1 艘水上飞机母舰

4 艘巡逻艇　　　　　　　　　　　3 艘运输舰

171 ～ 177 架飞机

精彩回放

海上搜索

　　日联合舰队在所罗门群岛一带配置 10 余艘潜艇，主要目的在于查明海上敌情。8 月 23 日晨，日潜艇向指挥部报告：在马莱塔岛东南海域发现美特混舰队。主力群等便由航行序列变为战斗序列急速南下，企图寻机歼灭美国舰队。

◀1942 年 11 月 12 日的瓜达尔卡纳尔岛，从"总统亚当斯"号 上拍摄从 2 架被击落的日本飞机升起的烟雾

1942 年 8 月 24 日 10 时许，一架美侦察机发现日增援群。于 14 时 45 分派出舰载轰炸机 31 架。鱼雷机 6 架，前去搜索并实施攻击。约 90 分钟后，美海军陆战第 1 师师长范德格里夫特少将又从瓜岛亨德森机场派出 23 架飞机，向目标出现海域飞出。但是这两批飞机均未发现目标，只好扔掉炸弹和鱼雷返航（日军增援群发现美侦察机后即转向西北航进，驶出了美轰炸机的作战半径）。入夜后，美军又派出三批侦察机，皆未发现新情况，加上有情报说日本航空母舰仍在特鲁克附近活动，弗莱彻便断定日内不会发生大的战斗，遂令第 18 特混大队返回南方去加油。其实，日美舰队这时均已进入所罗门群岛以东海域，前者由北向南，后者由南向北，在相向搜索前进。

日"龙骧"号航空母舰沉没

8 月 24 日晨，日联合舰队的多数战术群已经进至马莱塔岛东北海域。13 时过后，"龙骧"号航空母舰起飞轰炸机 6 架和战斗机 15 架，前去袭击瓜岛的亨德森机场。

这时，美第 11、第 16 特混大队正在马莱塔岛东南海域巡航。从"麦金纳克"号水上飞机母舰派出的侦察机曾先后两次发现日军牵制群，并报知第 61 特混编队。但是编队司令弗莱彻不甚相信。直到美舰雷达发现了前去袭击瓜岛的日机，他才于 13 时 45 分命令"萨拉托加"号航空母舰派出轰炸机 30

架和鱼雷机 8 架，前去攻击日军的牵制群。

15 时 50 分，美机飞临日"龙骧"号航空母舰上空。30 架轰炸机从 4270 米高空进行俯冲轰炸，8 架鱼雷机从"龙骧"号左、右同时进入，在 67 米高度、275 米距离投雷。"龙骧"号当时正逆风航行，组织飞机起飞。结果规避不及，有近 10 颗炸弹和 1 枚鱼雷命中，"尤骏"号大量灌水，舰体向左倾斜 20°，于当日 20 时沉没。

美"企业"号航空母舰受创

鉴于中途岛海战失败的教训，日军这次比较重视临战侦察。牵制群前去空袭亨德森机场时，先遣群多次派出水上飞机，以进一步查明敌情，而主力群则竭力隐匿自己。主力群指挥官南云忠一海军中将得知美舰载机前往攻击牵制群时，心中甚喜，认为敌机已被引开，向美航空母舰实施主要突击的时机已经到来。恰在这时，"筑摩"号巡洋舰派出的侦察机拍回报告：在斯图亚特岛以南发现敌航空母舰、战列舰、巡洋舰各 2 艘，驱逐舰 16 艘。据此，南云的参谋长草鹿龙之介海军少将推算出了美舰队的大致位置：离本队（主力群）约 260 海里，153° 方位。南云当即下定决心，举其全力进行攻击。24 日 13 时，首先从"翔鹤"号航空母舰派出轰炸机和鱼雷机 27 架、战斗机 10 架，1 小时后，又从"瑞鹤"号航空母舰派出轰炸机和鱼雷机 27 架、战斗机 9 架。

在此期间，美特混编队的空中警戒战斗机已先后击落了 3 架日侦察机。弗莱彻考虑到日机已发回电报，本编队的位置已被对方查知，遂下令做好对付日机来袭准备。除增派空中巡逻和在甲板待命的战斗机外，还令各大队变为防空队形。这时，美第 16 特混大队在第 11 特混大队西北，两者相距 10 余海里，"企业"号离敌较近。

16 时，弗莱彻命令"企业"号负责统一引导两舰战斗机的行动。2 分钟后，"企业"号雷达发现一群空中目标，距离 88 海里，方位 320°。在甲板待命的战斗机立即升空，使在空中警戒的战斗机增至 53 架。两舰的轰炸机

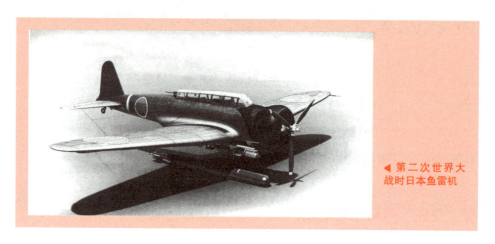

◀ 第二次世界大战时日本鱼雷机

13 架和鱼雷机 12 架也立即起飞，前去攻击日舰。美舰雷达发现的空中目标一度消失，16 时 19 分又在屏幕上重新出现。6 分钟后，在西北上空的一个战斗机中队长报告："发现敌轰炸机，约 30 架，高度 3660 米，上方和下方还有飞机。"美战斗机引导官想在日机展开和临空之前将其击退，但因母舰与空中飞机之间以及空中飞机相互之间通信频繁，网路阻塞，引导截击的指令未能发出。

10 分钟后，日机在距"企业"号大约 25 海里处分成数个机群。美舰雷达的荧光屏上映像混杂，战斗机引导官一时竟束手无策，不能确定截击目标。

16 时 41 分，"翔鹤"号的第 1 攻击波开始对"企业"号进行俯冲轰炸。这时，"企业"号位于环形队形的中央，其周围的 9 艘军舰皆集中炮火对日机射击。"企业"号本身除以猛烈炮火构成拦阻弹幕外，还不时用大舵角急转，以规避呼啸而降的炸弹。

由于美军舰炮的拦阻射击相当厉害，加上日本飞行员的素质比突袭珍珠港时也下降了许多，所以日鱼雷机在占据攻击位置之前均被击毁，只有少数几架轰炸机得以突防，进入攻击。5 分钟后攻击结束，日机离去。"企业"号被击中 3 颗 250 千克炸弹，炸死 72 人，炸毁升降机 2 座，舰上起火，舰舷漏水，舰体横倾 3°。在"企业"号后面跟进的"北加罗林纳"号战列舰也遭到了轰炸，但未受损伤。"企业"号舰员立即进行抢修，1 小时后开始接收飞机着舰，航速可达 24 节。然后，弗莱彻率第 11，第 16 特混大队南撤，以避免与日军进行夜战。

"瑞鹤"号的第 2 攻击波先沿 140° 航向飞行，后又转入 180° 航向，飞至美"萨拉托加"号特混大队以西约 50 海里处仍未发现目标。由于燃油即将耗尽，只好一无所获地向西北撤离。

在日机第 1 攻击波来袭之前，从"企业"号匆忙起飞的 11 架轰炸机和 7 架鱼雷机亦未找到目标，轰炸机飞至亨德森机场降落，鱼雷机返回母舰；与此同时，从"萨拉托加"号起飞的 2 架轰炸机和 5 架鱼雷机，在 17 时 35 分发现并攻击了日先遣队，炸伤了"千岁"号水上飞机母舰，除 2 架鱼雷也在圣克里斯托巴尔岛迫降外，其余飞机 19 时 30 分返回母舰。

日先遣群以高速向前追击，并令巡洋舰派出水上飞机在前方搜索，除看到 1 艘援救落水飞行员的美国驱逐舰外，未发现其他目标。1942 年 8 月 24 日 24 时，山本五十六命令失遣群、主力群向北撤离。

▲ 瑞鹤号航空母舰

　　日军主力只顾北撤，却未注意掩护增援群。日增援群在圣伊萨贝尔岛东面海域逗留了一整天，24日12时开始南进，于25日9时35分驶至马莱塔岛北面。增援群很快被美侦察机发现，美军迅速派出飞机进行攻击。结果，"金龙丸"运兵船和"睦月"号驱逐舰被炸沉，旗舰"神通"号巡洋舰和另1艘驱逐舰被炸伤。增援部队损失较大，加上缺少空中掩护（航空母舰已撤离战场），驻拉包尔的日军指挥部不得不令增援群的残部转向返航。所罗门群岛以东海战，至此结束。

沙场点将

法兰克·杰克·弗莱彻

　　法兰克·杰克·弗莱彻（1885年～1973年）海军上将，美国国会荣誉勋章得主，第二次世界大战期间美国航舰特遣舰队指挥官，曾参与大战初期数场重要的航舰部队会战，包括珊瑚海之役、中途岛之役，与东所罗门海之役等。之后调任第13军区司令与西北海疆司令，统率北太平洋部队。

　　在1944年与1945年，他指挥北太平洋部队（包含陆军航空队与海军部队）进行对千岛群岛的轰炸与岸轰任务。并在日本投降后，于1945年9月，率领60艘北太平洋部队的舰艇在日本陆奥湾接受日本海军北方舰队的投降。他对官兵们所做的演说时曾提过一段话："回顾日军在南京的暴行，偷袭珍珠港，巴丹的死亡行军，以及数不尽的谋杀、酷刑、与让我们不幸被俘的伙伴们挨饿受苦，但我们不会这么对日本人。我们已经对日本军人与世界展示了我们优越的战力，现在我们要对日本人跟世界上其他地方的人们展现我们为它的战的民主与法治。"

　　弗莱彻上将于1973年4月25日病逝于比塞大海军医院，并安葬于阿灵顿国家公墓。

相关链接

"萨拉托加"号航空母舰

　　"萨拉托加"号航空母舰是美国海军旗下第三艘航空母舰，也是美国海军各类船舰之中，第五艘承袭"Saratoga"之名的舰只。原本是以列克星敦级战列巡洋舰三号舰的身份于1920年9月25日安放龙骨起造，萨拉托加号因为华盛顿海军条约的签署之故，在建造到一半的1922年7月1日被改为航空母舰使用，并且换上CV-3的舰体编号，于1925年4月7日完工下水。萨拉托加号是美国海军少数在第二次世界大战之前就已造好，并且安然度过大战战火的航空母舰之一（另两艘分别是企业号与突击者号），但在第二次世界大战后除役的萨拉托加号被美国军方列入十字路行动的参与名单内，在位于比基尼环礁的核子武器试验中，因为原子弹的破坏而沉没，并于1946年8月15日自海军舰只名单中剔除。

▼"萨拉托加"号航空母舰

"龙骧"号轻型舰队航母

"龙骧"号轻型舰队航母是日本早期建造的航空母舰，1929年11月，"龙骧"号航母动工建造。

"龙骧"号最初计划的排水量为9800吨，使用"青叶"级重巡洋舰的舰体，航速30节，搭载约24架飞机。1924年11月，"龙骧"号在横滨三菱造船厂动工1931年4月下水后拖曳到横须贺进行舾装工作。此时军方要求舰载机数量增加到36架，厂方不得不更新设计，增加一层机库，以至于舷高度降低、耐波性变差。1933年5月完工时，测试排水量12 732吨、66 000马力、航速29节、续航力10 000海里（14节），搭载飞机48架、官兵924人。

"龙骧"号的外形成为以后日本小型航母的典范全通式飞行甲板、无舰岛、露天式舰艏甲板，舰桥位于飞行甲板最前端的正下方。但1935年9月发生了一起日本海军史上著名的"第4舰队事件"："龙骧"号在演习过程中遭遇台风，由于干舷太低导致舰桥被海浪冲毁。这次事件对日本舰艇设计影响深远。事后，"龙骧"号再度进坞改造，除了重新设计改善了耐波性的舰桥外，新加了层甲板以提高干舷高度。改造后的排水量达到12 575吨，航速却降低到28节。

太平洋战争爆发时，"龙骧"号搭载有18架96式战斗机和12架97式攻击机。它与航母"祥凤"号、征用商船"春日丸"号编成第4航空战队，曾参与入侵菲律宾和进攻荷属东印度群岛的支援行动。偷袭珍珠港时，"龙骧"号负责进攻阿留申群岛的作战。第二次所罗门海战时，"龙骧"号搭载有24架"零"式战斗机、9架97式攻击机，在敬运输船队护航行动中遭到美军航母舰载机的攻击而沉没。

◀"龙骧"号轻型舰队航母模拟图

战役结果及影响

这场战役被普遍认为美国获得或多或少的战术和战略上的胜利，因为日本失去了更多的舰只、飞机和机组人员，以及日军向瓜达尔卡纳尔岛的增援行动被推迟。总结该战役的意义，历史学家理查德·弗兰克说："东所罗门海战无疑是美国的胜利，但只有很少长期的影响，除了训练有素的日本航空母舰飞行员进一步减少外，也迫使日本海军不能利用慢速运输舰运送的（日本）增援部队，而不得不改用其他方式运达瓜达尔卡纳尔岛。"

美军在战斗中只损失了 7 名飞行员。然而，日本失去了 61 个经验丰富的飞行员，对日本来说他们是难以替代的，因为他们已制度化的海军飞行人员培训计划能力有限和缺乏训练有素的后备役人员。在田中舰队上的陆战队员，后来在肖特兰群岛转上驱逐舰，并分批地运送，他们的大部分没有重型装备，于 1942 年 8 月 29 日开始到达瓜达尔卡纳尔岛。

亨德森机场显示出其战略价值，在 8 月 28 日一次单独的增援行动中，日军驱逐舰朝雾号在瓜达尔卡纳尔岛以北 130 千米的"海槽"被以该机场为基地的美军飞机击沉和另外两艘日军驱逐舰遭到严重破坏。岛上的争夺战在随后 2 个月陷入僵局，其中焦点是发生在 9 月 13 日于埃德森岭上激烈的陆战和在 10 月初在埃斯佩兰斯角有大型水面舰艇参与的战事。

"企业"号前往珍珠港作大规模维修，于 1942 年 10 月 15 日修复。它在 10 月 24 日回到南太平洋，正好赶上圣克鲁斯群岛战役和与"翔鹤"号和"瑞鹤"号再次战斗。

第十一章

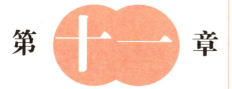

瓜达尔卡纳尔岛
不相信眼泪

瓜达尔卡纳尔岛海战是太平洋战争中的一场重要战役。围绕着瓜岛的争夺，日美双方在6个月的时间里进行过大小海战30余次，其中较大规模的海战就有6次，分别是萨沃岛海战、东所罗门海战、埃斯帕恩斯角海战、圣克鲁斯大海战、瓜达尔卡纳尔海战和塔萨法隆戈海战。

❧小档案❧

作战时间：1942.11.12 ～ 11.15

海战地点：所罗门群岛瓜达尔卡纳尔岛

交战双方：美国 日本

主要指挥官：小威廉·哈尔西（美国）、丹尼尔·卡拉汉（美国）、诺曼·斯科特（美国）、威利斯·李（美国）、山本五十六（日本）、阿部弘毅（日本）、近藤信竹（日本）、田中赖三（日本）

战斗结果：美军损失 2 艘巡洋舰、7 艘驱逐舰被击沉、36 架飞机被毁、1732 人阵亡；日本损失 2 艘战列舰、1 艘巡洋舰、3 艘驱逐舰、11 艘运输舰被击沉、64 架飞机被毁、1900 人阵亡。

战前部署

　　1942 年 11 月 12 日，日美海军这两只凶猛的"海狮"又突然跃起，相互追逐扑打，把"铁底湾"搅得天昏地暗，一派凄惨。

　　圣克鲁斯海战之后，山本五十六和百武晴吉都得出了错误的结论：美军在南太平洋已经没有一艘可供实战用的航空母舰，瓜岛海域在夜间已是日本海军的天下。日本陆军准备增派第 38 师团到瓜岛参战，联合舰队也摆出了最强的阵容：计航空母舰 2 艘、战列舰 4 艘、巡洋舰 11 艘和驱逐舰 40 艘，担负为第 38 师团护航的任务，并炮击机场，同美海军在瓜岛附近海域进行决战。美军也在同样狂热地增兵派舰。罗斯福总统对瓜岛局势深感不安，指令加强瓜岛地面和水面兵力，刚勇的老将哈尔西一贯把瓜岛视为美军荣誉的象征，一直不遗余力地支援岛上的海军陆战队，他派特纳少将用运输船将6000名步兵和陆战队士兵送到瓜岛，并为守军运去了大量装备、弹药和补给品。为了掩护特纳，第67特混编队由哈尔西派出了刚修好的"企业"号航空母舰，"华盛顿"号和"南达科他"号战列舰，8艘巡洋舰和24艘驱逐舰。它们的任务除了保证特纳运输船的安全外，还准备打击日军水面舰艇。当时，日军舰队夜间经常炮击飞机场和驻军，给美军造成很大的物资损失和行动不便，其心理影响也相当严重。每逢夜间，人人都担心日本军舰炮口中射出的恐怖的火光。

1942年11月12日白天，特纳的运输船队已在瓜岛卸下了士兵和装备。接着，特纳收到了在瓜岛以北海域集结大批日军舰艇的情报，但情报中没有提到敌人的运输船队。特纳认为日舰除了奔他而来之外，再就是要在夜间炮击机场。两栖战专家特纳加紧抢卸物资，并下令运输船队撤离瓜岛滩头。他让卡拉汉将军率领的支援群和斯科特将军指挥的第62特混编队第4

▲ 美军的补给船

特混大队向日本人发动一次坚决的挑战，给日军一个教训：瓜岛之夜并非日本海军一家独享。

根据埃斯帕斯斯角海战的经验，美军把所有战舰排成单纵列，4艘驱逐舰"库欣""拉菲""斯特雷特""奥班南"担任前卫。中间是卡拉汉和斯科特的5艘巡洋舰"亚特兰大""旧金山""波特兰""海伦娜"和"朱诺"。后卫是4艘驱逐舰"艾伦沃德""巴顿""蒙森""弗莱彻"。这种队形的好处是利用前卫雷达及早发现敌舰，然后每舰转向形成打"T"字头阵势。但卡拉汉本人并没有参加过埃斯帕斯斯角海战，所以没有将配备了先进的SG雷达的3艘巡洋舰和2艘驱逐舰布置在前锋位置上。当夜，卡拉汉送走特纳船队后，也没有将敌情和作战命令下达给自己的部下，而危险的敌人正高速袭来。

日方舰队由阿部将军指挥。阿部本人对夜间海战颇有研究，他把整支舰队分散配置成前三角队形，掩护着中间的排水量为32 350吨的大型战列舰"比睿"和"雾岛"。

卡拉汉编队从嫩格水道返回"铁底湾"，沿瓜岛北岸向西航进。阿部编队正沿瓜岛北岸东进，准备炮击亨德森机场，双方正高速相向逼近着。

实力 PK

美 国

1 艘航空母舰	2 艘战列舰
5 艘巡洋舰	12 艘驱逐舰

▶ 1942 年 11 月 12 日在瓜达尔卡纳尔岛从被击落的 2 存架日本飞机升起的烟雾

日 本

2 艘战列舰   8 艘巡洋舰

16 艘驱逐舰

精彩回放

美军的失误

1942 年 11 月 13 日 1 时 24 分，美巡洋舰"海伦娜"号上雷达抢先发现敌舰。但卡拉汉坚持单路纵列，没有派出驱逐舰抢先用鱼雷攻击。当敌舰驶向左前方时，"海伦娜"号通报各舰，卡拉汉把航向转成正北。美方没有很好地利用雷达优势。当"库欣"号在 2700 米距离上发现敌舰时，它通报舰队并且转向准备发射鱼雷。所有后续美舰全部转向，电讯联络十分混乱，许多美舰对敌情和任务都不明确。一分钟后，日舰也发现了美舰，并通报了整个编队。阿部弘毅虽然做了战斗准备，但没有想到美舰敢在夜里留在"铁底湾"，所有舰炮装填的都是攻击机场用的爆破弹和燃烧弹。由于美舰在近距离内转向，便冲入了日舰的三角形队列中间，激烈的海上夜战开始了。

◀1942年8月下旬鸟瞰瓜达尔卡纳尔岛亨德森机场的航空照片。照片上方可看到西北面的伦加河和伦加点。

　　"亚特兰大"号是最先接近日舰的。它的上层建筑很高，首先被日舰的探照灯照射住。在1440米的距离上，双方进行了猛烈的集火射击。"亚特兰大"号的上层建筑被摧毁，埃斯帕恩斯角海战中的英雄斯科特少将和他的参谋人员全部牺牲。

　　由于闯到了敌舰群的中间，美舰的前后左右都是日舰。卡拉汉在旗舰"旧金山"号上发布命令："奇数舰向右舷侧射击！偶数舰向左舷侧射击！"双方进行了一场使用火炮和鱼雷的混战，"亚特兰大"号被第一、二次鱼雷齐射击中，丧失战斗力并沉没。

　　位于先头的美驱逐舰"库欣"号打过几次齐射之后，舰身中段挨了几枚大口径炮弹，破损严重。但它坚持向"比睿"发射了6枚鱼雷，可惜没打中。这时，"库欣"被日舰用探照灯照中，终于被日舰集中的炮火击沉。

　　"库欣"号后面的"拉菲"号驱逐舰冲到了"比睿"的附近，几乎撞上了"比睿"。它向"比睿"发射鱼雷，居然因为太近而打不开保险。"拉菲"的炮火向"比睿"的上层建筑猛扫。不久，"拉菲"号也被两次大口径炮齐射击中，还挨了一枚鱼雷，它在燃烧和爆炸中沉没了。

　　炮战3分钟后，"斯特雷特"号驱逐舰也挨了2次齐射。它向目标明显的"比睿"发射了4枚鱼雷，无一命中。美驱逐舰"奥班南"对"比睿"又开炮又发射鱼雷。由于距离太近，"比睿"的356毫米大炮几乎对驱逐舰不起作用。阿部站在舰桥上看到美舰包围了"比睿"，己舰成了所有炮火的目标，便放弃了炮击亨德森机场的原订方案，转向撤出战场。

卡拉汉的"旧金山"号巡洋舰也在向"比睿"射击。但一艘日军驱逐舰迅速逼近了它，扫射了它的舰桥。"旧金山"号操纵失灵，航速下降，成了一个显眼的目标。三个方向射来的炮火集中到上层建筑上，卡拉汉和他的参谋被击毙，美军丧失了两位海战主官。

"波特兰"号巡洋舰在混战中也认准了巨大的"比睿"，向它射击，后来"波特兰"中了一枚鱼雷，被一艘拖轮拖往图拉吉港。其他各艘美军舰艇独自为战，对黑暗中的敌舰进行了炮击和鱼雷攻击。同时，它们也遭到日舰的齐射和鱼雷攻击。火光刺破夜幕，炮声震撼海面。美巡洋舰"朱诺"号被鱼雷击伤，"巴顿"号被鱼雷击沉，"蒙森"号被炮火击毁。

由于队形完全混乱，阿部下令"比睿""雾岛"和其他舰艇北撤重新编队，但日舰队中的驱逐舰"晓""夕立"已被轰沉。美军各舰也按自己的路线纷纷撤出战区。13日白天，日潜艇"伊-26"号发现了撤退中的美军舰队，用鱼雷击沉了"朱诺"号巡洋舰。

瓜岛面临威胁

美海军少将金凯德指挥的第16特混编队在驶离努美阿后向瓜岛航行。"企业"号航空母舰在圣克鲁斯海战中负重伤后，虽经抢修，但只有一台升降机工作，使飞机起降速度大受影响。金凯德决定把9架鱼雷机和6架战斗机转场到瓜岛亨德森机场。这批已携带了鱼雷的舰载机在萨沃岛以北10海里处发现了受伤的"比睿"。美机从云中猛扑下来，同时对庞大的"比睿"的两侧舷进行了攻击，1枚鱼雷击毁了"比睿"的舵，迫使它无法航行，只能原地打转。"企业"号的舰载机在亨德森机场加油挂鱼雷后，又同瓜岛上的10架飞机第二次空袭了"比睿"，命中2枚鱼雷，终于击沉了"比睿"号战列舰。

◀ 美军战舰向日军开火

　　虽然西南太平洋战区司令官威廉·F·哈尔西严令第 16 和第 64 特混编队驰援瓜岛，但因距离远，一时还赶不到。11 月 13 日夜间，又有一支日本炮击舰队接近了瓜岛，这是日将三川军一指挥的舰队，编有重巡洋舰 2 艘、轻巡洋舰和驱逐舰 5 艘。由于没有美舰阻拦，日军两艘重巡洋舰共向瓜岛亨德森机场发射了 1000 发大口径炮弹，射击持续 37 分钟，并且有空中校正机修正弹着点。结果击毁美机 18 架，击伤 32 架，但机场跑道仍可使用。在图拉吉岛的美军鱼雷艇曾向三川舰队发射了 6 枚鱼雷，都没有命中。

　　美国军方和政府原以为卡拉汉和斯科特的牺牲能阻止日军的进攻。三川军一炮击成功的消息使美国军政首脑深感沮丧。日军炮击舰队对瓜岛守军和机场的威胁，在华盛顿造成一种紧张压抑的气氛，只有一年半后诺曼底登陆前夜的气氛才能与之相比。

田中的目的落空

　　11 月 14 日的黎明到来时，瓜岛美军和亨德森机场又恢复了活力。只要跑道未遭彻底破坏，白天便是美国飞机的天下。美侦察机报告：大批舰艇和运兵船正在接近瓜岛，同时，三川军一舰队还未撤出瓜岛美机的攻击圈。于是，亨德森机场仿佛一只嗡嗡叫着的忙碌的蜂巢，把一切能飞的战斗机、鱼雷机和轰炸机都送上蓝天。在瓜岛西北海域，美机很快追上了三川军一舰队。他们立即投入攻击，一举击伤了重巡洋舰"衣笠"号从"企业"号航空母舰起飞的侦察机也发现了三川军一的炮击舰队。金凯德集中攻击了三川军一，"衣笠"一再被重创，起火沉没。

晨7时，从亨德森机场和"企业"号起飞的美侦察机发现了田中赖三的登陆输送船队，田中赖三是接到三川军一"机场已被摧毁"的信号后才出发的。他的编队中有11艘运兵船和11艘护航的驱逐舰，运载着第三十八师团的13 500名士兵和装备，准备在瓜岛登陆，增援丸山的仙台师团。田中赖三认为亨德森机场已毁，修复尚需一段时间，不会有美机出动，才冒险在大白天闯入"槽海"，美军动用了所有的飞机，包括"企业"号的舰载机和远在圣埃斯皮里图岛的B-17重轰炸机，决心给田中赖三以迎头痛击。美机穿梭般地轰炸运兵船，前后共发动八轮大规模攻击，其势极为凶狠。6艘运兵船被炸沉，一艘重伤返航。一时间，"槽海"内血水斑斑，大批日军被杀伤和淹死。在海浪中浮沉的日本陆军士兵，又遭到美机的扫射和大批鲨鱼的围攻，其状惨不堪言。精锐的第三十八师团未能登岸就遭到了严重的伤亡。

田中赖三指挥剩下的四艘运兵船在驱逐舰掩护下顽固推进，终于在瓜岛海滩靠岸冲滩。每艘驱逐舰上都搭满了落水的士兵。15日晨，护航的日本驱逐舰全部驶离危险的瓜岛。日出后，美机又找到了这4艘运兵船，飞机一通

◀ 日本重巡洋
舰"衣笠号"

猛炸，终于把它们全部毁掉了。美机还用燃烧弹焚毁了刚卸载的补给品和弹药，几乎使田中赖三的目的完全落空。

美军取得最终的胜利

日军从田中赖三运输船队的血的教训中得出：亨德森机场对瓜岛海权极端重要，而且单凭重巡洋舰的 203 毫米口径炮是无法彻底摧毁机场的。近藤对三川军一不成功的炮击极不满意，决定自己亲率一支舰队前往奔袭机场。

近藤的编队中有战列舰"雾岛"号（排水量 31 980 吨）、重巡洋舰"爱岩"号和"高雄"号，加上轻巡洋舰和驱逐舰，共计 11 艘。编队由瓜岛北部 250 海里的待机点向南航行，途中，遇到美国潜艇"鲟鱼"号。"鲟鱼"号攻击失败，用明码拍出了日舰队的位置和编成。近藤截收到"鲟鱼"号的电报，知道可能要在瓜岛隆加岬附近与美国舰队夜战。这次夜战将同 12 日晚的夜战一样惨烈，但近藤心存幻想，专心研究如何排除美舰队的干扰，以便腾出手来，彻底击毁亨德森机场的跑道。

同近藤相抗衡的，是由海军少将李指挥的美国海军第 64 特混编队，李少将从空中侦察和潜艇报警中，得知近藤的大编队已驶近了瓜岛。李决心像卡拉汉将军在夜战中给日军以迎头痛击，打破夜间由日本舰队主宰的一统天下。当时，有许多军人对在狭窄海域中使用"华盛顿"号和"南达科他"号这类装备 406 毫米大炮的战列舰持怀疑态度，唯有哈尔西力主用手头的全部力量阻止敌军炮击瓜岛机

▲ 两艘搁浅的日军运输舰着火焚烧

场。李少将没有时间制定全面的作战方案，只是把自己的构想用旗语通知了第 64 特混编队中的各艘舰只。他的舰队除了"华盛顿"号、"南达科他"号两艘战列舰外，还有 4 艘驱逐舰。

14 日 21 时，李少将的编队由萨沃岛方向进入"铁底湾"，开始搜索近藤的编队。22 时 10 分，日军前锋舰艇"川内"号首先发现了美舰，并立即报告给近藤。近藤下达了攻击令，他的 14 艘军舰分成三路，由木材少将率领 1 艘巡洋舰和 4 艘驱逐舰，桥本少将率领 1 艘巡洋舰和 3 艘驱逐舰，余舰由他本人率领，散布在 10 平方海里的大面积上，体现了行之有效的日本海军夜战中的分散配置战术。

旋即，"华盛顿"号也在雷达屏上发现了"川内"号轻巡洋舰，"华盛顿"号和"南达科他"号用 406 毫米巨炮猛轰"川内"号，"川内"号施放烟雾，狼狈逃离。美军舰队成单纵列，其先行驱逐舰"沃尔克"号发现了日本驱逐舰"绫波"号和"浦波"号。它立即用 127 毫米炮向它们射击，其他几艘美驱逐舰也跟着开炮。在双方的炮战中，日本海军的夜战技术和战术均胜美军一筹。"沃尔克"号被击沉，"本哈姆"号被击毁。由于日军很熟悉美舰队的单纵列队形，所以识别目标容易，命中率较高。而美军始终没有找到办法来对付分散配置、集火射击的日军编队。

23 时 46 分，李少将得知自己的驱逐舰只非沉即伤，已无力向敌人发起攻击，便下令它们撤退，让战列舰"南达科忧"号接近敌人的前卫群。"南达科他"号遭到了 34 枚鱼雷的集中攻击，所幸竟然无一命中。

本来，近藤打算把自己的战列舰和重巡洋舰保存下来不参加战斗，因为他一心一意想炮击瓜岛亨德森机场。巨大的战列舰"南达科他"号是一个极富诱惑力的诱饵，使近藤终于改变了主意，下令让他的大舰驱前实施攻击。这样，"南达科他"号陷入了日舰的重重包围之中，受到日军探照灯的照射和日战列舰、重巡洋舰的大炮齐射。"南达科他"号的上层建筑挨了许多大口径炮弹，伤势累累，于 15 日零时 15 分迅速撤离了战区。

美国战列舰"华盛顿"号在激烈的海战中一直躲在暗处，它用自己的雷

◀ 在 1942 年 11 月 15 日搁浅在瓜达尔卡纳尔岛的 4 艘沉没的日军运输舰其中 1 艘，此照片在 1 年后拍摄。

达跟踪一个大型水面目标已有数分钟之久，因为怕是己舰"南达科他"号而未敢射击。当"雾岛"号打开探照灯时，李少将立即分清了敌我各舰，便下令开炮。在 720 米距离上，"华盛顿"号 9 门 406 毫米巨炮声如霹雳，弹如雷霆，准确地向"雾岛"号打了几次漂亮的齐射。"华盛顿"号的 20 门 127 毫米炮也向"雾岛"号和其他日舰射击。一时间，"华盛顿"号仿佛成了一个四处喷火的火龙，凶猛异常。

近藤中将一直集中精力对付"南达科他"号，万没想到附近还有一艘巨型战列舰向它窥视。"雾岛"号遭"华盛顿"号痛击后惊慌失措，连连挨了 9 枚 406 毫米巨弹和 40 枚 127 毫米炮弹，在很短的时间里就失去了战斗力，日重巡洋舰"爱岩"号、"高雄"号也被击中数弹。

"华盛顿"号为被击沉击伤的美舰复仇之后，因自己是一艘孤舰，不敢恋战，从战场的西北方撤离。15 日天明时，它与"南达科他"号会合之后，一同驶回努美阿基地。

日本战列舰"雾岛"号害怕天明后美机来炸，遭到"比睿"号同样的命运，由舰长下令打开进水门自沉了。日驱逐舰"朝云"号也因伤重而自沉。至此，延续了 3 天的瓜达尔卡纳尔海战，终于结束了。

沙场点将

小威廉·哈尔西

　　小威廉·弗雷德里克·哈尔西五星上将（1882年～1959年），又译为海尔赛、豪尔锡，是一名美国海军军官，于第二次世界大战太平洋战争的大部分期间皆担任第3舰队司令，对抗日本在此地区地扩张。

　　小威廉·弗雷德里克·哈尔西于1882年10月30日在新泽西州伊丽莎白出生，父亲大威廉·弗雷德里克·哈尔西为美国海军上校。长大后曾因未获海军提名进入海军学院，而于1899年进入朋友就读的弗吉尼亚大学学习医学，以期毕业后进入海军当军医。哈尔西在第一次世界大战中晋升为少校，并于1918年担任"道尔"号驱逐舰舰长。1927年升任上校。1938年，升任少将，并在及后3年担任航空母舰分队的司令。1940年升任中将，并成为航母舰队司令。1941年12月7日，当日本对美国发动珍珠港事件的时候，哈尔西和他的旗舰——"企业"号航空母舰正执行向威克岛运送飞机的任务。1944年5月，当战事移师菲律宾和日本本土时，哈尔西被调回任第3舰队司令。此后于1944年9月至1945年1月间，哈尔西带领第3舰队攻占了帕劳、雷伊泰岛和吕宋岛，并空袭了多个日军基地。

　　1945年后，哈尔西率部支援硫磺岛和冲绳岛的登陆。随后在海上，除"神风特攻队"外，哈尔西已找不到什么对手。8月15日，日本宣布无条件投降。投降

▲ 小威廉·哈尔西

165

仪式于9月2日在哈尔西的旗舰"密苏里号"战列舰举行。两个月后，哈尔西率部回到旧金山。12月，哈尔西晋升为海军五星上将。1947年，哈尔西退役，并出版了《哈尔西海军上将的故事》。1959年8月16日，哈尔西在美国旧金山去世。

威利斯·李

小威利斯·奥古斯塔斯·李（1888年～1945年）海军中将，1920年安特卫普奥运美国男子射击队成员之一，第二次世界大战时美国快速战斗舰部队指挥官。

1888年5月11日威利斯·李生于肯塔基州欧文郡的纳特李，1908年自美国海军官校毕业。在官校内，由于是出色的射手，因此毕业后成为见习官的李便成为海军射击队的一员。其后从1908年10月到1909年5月，李被指派至"爱达华"号执勤，5月被任命为少尉之后，又回到海军射击队。1909年11月，李被调到复役的"纽奥尔良"号轻巡洋舰，并在该舰服役至1910年5月。接着李被调到美国亚洲舰队，在海伦娜号炮舰上服务。1913年1月，李被调回美国本土。1920年9月担任"费尔法克斯"号的舰长，1921年6月接管另一艘驱逐舰——"威廉·B·普雷斯顿"号，并将船经苏伊士运河带到亚洲舰队驻地。

1936年秋任轻巡洋舰"康科德"号舰长，1938年12月任战斗舰队的巡洋舰指挥官，哈罗德·史塔克海军少将的参谋长。李少将于1939年6月成为舰队训练课助理课长，1941年1月升任课长。1942年2月任美国舰队总司令的副参谋长，同年6月被提名担任太平洋舰队第6战斗舰战队指挥官，旗舰华盛顿号，并成为太平洋舰队的战列舰队指挥官。第二次世界大战期间，小威利斯·奥古斯塔斯·李参与多场重大战役。李于1944年升中将，并参与了10月的莱特湾海战。李中将于1945年5月被送回美国东岸，担任作战发展部队指挥官，研究防御日本"神风特攻队"的方法。1945年8月25日，李中将在用餐时心脏病突发，在其旗舰"怀俄明"号上过世。李中将与其妻玛蓓尔·李一同葬于阿灵顿国家公墓。

近藤信竹

近藤信竹（1886年～1953年）日本海军大将，山本五十六的副手。历任海军军令部次长，第2舰队司令，侵华舰队司令官，南洋作战舰队总指挥等职务，参加了中途岛、瓜岛等战役。

近藤信竹大将在太平洋战争开战时是海军中将、第2舰队（巡洋舰队）司令。是联合舰队中仅次于山本五十六大将的资深提督。太平洋战争开战时，在联合舰队司令长官指挥下，海军有二大作战计划。一个是歼灭在珍珠港的美太平洋舰队主力；另一个是消灭在东南亚的盟军舰队和航空部队，确保该方面的资源地带。前者是海军单独的作战，后者预定与陆军协同进行。近藤中将是负责后者作战的南方部队总指挥官。为完成任务，中将指挥下的部队分成5部分：航空部队、菲律宾部队、马来部队、潜水部队、南方部队本队。

日军失败原因

1.战略思想的失误

在战略上，日军的作战企图大大超出了自己的作战能力。

日军在战争初期，战略进攻的第一阶段，日军占领了拉包尔和新几内亚东北部，企图在俾斯麦群岛建立起第一道防线，这一地区对日军而言，已经是进攻力量的极限了，但是在战争初期所取得出乎意料的巨大胜利，使得日军利令智昏，忘乎所以，决定将战线继续向东南太平洋方向推进，因此在瓜岛修建机场。原本瓜岛被日军视为无足轻重的小岛，当美军在1942年8月7日在瓜岛登陆后，如果日军干脆撤出瓜岛，就不会开始一场对其不利的决战了，但日军认为不夺回瓜岛，美军使用瓜岛机场的话将对整个所罗门群岛形成巨大威胁，那么，日军在南太平洋上的重要海空基地拉包尔就将失去屏障，进而威胁到俾斯麦群岛一线，所

▲ 美舰船向岸边前进

以，决心全力夺回瓜岛。

瓜岛距离日本本土3000海里，无论是从舰艇部队和航空部队的作战能力，还是从后勤运输所需的船舶，都是日本力不从心的。自中途岛战役失利后，日军未及时收缩战线，转入战略防御，仍然继续向所罗门群岛发动进攻，显然是不自量力的蛮干，所以说，日军战略企图与军事实力之间的不可解决的矛盾，是导致日军瓜岛战役失败的最根本原因。

2. 思想观念的失误

思想准备上，日军狂妄自大，对美军的战略反攻缺乏必要的思想准备，并因此主观武断地做出了错误判断，日军统帅部一直有着根深蒂固的想法，即美军的反攻是在1943年后，正是基于这种想法，日军才力图抢在美军反攻之前尽量将战线前推，而不愿过早转入战略防御。日军认为既然美军的战略反攻尚未准备就绪，那么继续向所罗门群岛的推进，就不会遇到什么阻挠，这才敢于一举越过数百海里，在瓜岛修建机场。这种做法，根本没有意识到所面临的威胁，从拉包尔到瓜岛数百海里间，没有可以居中策应的前进基地，在瓜岛上也只顾突击修建机场，忽视必要的防御准备，使岛上的日军对美军的突然进攻无论精神上还是物质都毫无准备，在美军的进攻下一触即溃。

3. 作战指挥的失误

作战指挥上，从1893年起，日本的陆军参谋本部和海军军令部就是两个完全独立平等的统帅机关，分别指挥陆军和海军。虽然后来设立了大本营，作为最高统帅机关，但因为陆、海军之间各种矛盾根深蒂固，所以还是难以实施统一指挥。

因此，在瓜岛争夺战中，陆军、海军都存在着严重的本位主义，各行其是，丝毫谈不上协同配合。陆军在岛上的总攻，未能与海军协调行动；而海军舰队的出击，也不与陆军的进攻相配合，也就发挥不出陆海军协同作战的威力。特别是在10月下旬的总攻中，陆军与美军地面部队相差无几，海军则占有几乎一倍的优势，如果陆海军密切配合，夺回机场不是没有可能，而实际上，陆军在岛上发动第二次总攻，海军则在海上组织圣克鲁斯海战，结果，由于力量分散，陆地上既未能夺回机场，海上也没有消灭美军的舰队。在整个瓜岛战役过程中，这样的事例不胜枚举，陆海军之间的矛盾始终没有很好解决，因此，日军没有统一的指挥是瓜岛战役失败的重要原因之一。

　　4.兵力使用的失误

　　兵力使用上，日军麻痹轻敌，在战役之初，日军在南太平洋是攻占莫尔兹比港与夺回瓜岛双管齐下，甚至在最初的阶段，还将莫尔兹比港方向作为主要作战方向，以至于在瓜岛方向的日军缺乏足够的兵力、兵器与弹药，也就没有足够的力量突破美军的防线。

　　而且对美军在瓜岛的兵力判断一直有误，最初认为美军人数不会超过2000人，实际上，美军在瓜岛有1余万人，在附近的图拉吉岛有6000人，共16 000人。因此，日军认为夺回瓜岛易如反掌，第一次上岛仅一木支队的先头部队1000人，

▶ 美士兵登陆

初战失利后，再增兵上岛，第二次上岛约 1500 人，再战失利之后，第三次增兵约 3500 人，形成逐次添兵的"加油"战术，以致兵力分散而攻击一再失利。到 10 月下旬，日军判断瓜岛美军约 7500 人，实际上美军高达 23 000 人，虽然投入了第 2 师团主力 2 万人，但因兵力不占优势，火力则远远不及美军而失利。直到战役结束，日军仍未能正确查明美军的实力，这对日军的兵力使用有着极大的负面影响。

5. 战术设置的失误

战术上，日军只重视对美军军事目标的攻击，对美军的后勤补给运输工具和物资几乎是不屑一顾。要知道，瓜岛战役是一场登陆战，而登陆战中运输船队对作战的胜负具有决定性的影响，在这样的一个人烟稀少、距离大后方远的小岛上作战，失去运输船队的支援，即使部队登上岛屿也会因后援不继而失败，日军对这一点近乎无知，只注重对美军飞机、军舰的打击，最说明问题的是 8 月 8 日的萨沃岛海战中，日军沉重打击了美军的运输船队的护航兵力，却对运输船只和海滩上堆积如山的物资视而不见，就扬长而去。另一方面，美军自此场海战后就极力打击日本的后勤补给线，使日本有重型火炮送不上来，火力的不够对日军作战造成极大影响。更为重要的是，日军的后勤补给基本被切断，只能用小潜艇昼伏夜出（也就是"东京快车"）送大米和一部分药品，连盐都送不上来！这更直接导致了日军战斗力的大大减弱。

6. 战前评估的失误

日军低估了美军的制海制空能力。美军占领机场后，完全控制了制海权和制空权。日军每次增援都失效也是这个原因。日军第三次增援是很鲁莽的，大型运输船直接卸货不做炮火准备，结果成了美军的靶子，一吨给养也没有卸下来，而且 1000 吨给养和 12 000 日军都葬身鱼腹了。从此日军"学尖"了，不敢带大量的重武器，结果被美国 105 毫米炮和轰炸机一次次打退。日军应加强掩护火力，强行运重武器上岸，或许还不会输这么惨。

战役结果及影响

这是双方争夺瓜岛过程中一次决定性的海战，双方主要目的都是向瓜岛运送援兵和物资，并阻止对方的增援。在海战中，美军的运输比较顺利完成了，日军不仅付出了很大代价，而且所运输人员的 85% 和物资的 99% 都损失了，增援企图再次落空。而且通过这次海战，美军获得了瓜岛海域的制海权，加上瓜岛地区的制空权早已为美军所掌握，而日军的联合舰队又在海战中损失巨大，元气大伤，山本五十六认为海军再也无法承受以如此巨大的代价去支援陆军的作战了，从此以后，不再派巡洋舰以上的水面舰只前往瓜岛，只使用驱逐舰利用夜间运送少量人员与物资，从而加剧了瓜岛上日军的困难处境。美军则正好相反，在海战结束的第二天，即 11 月 16 日又将原在新几内亚的一批部队送上瓜岛，大大加强了瓜岛美军的力量，范德格里夫特认为胜利已经在握了！

日本海军少将田中赖三，也就是海战中日军增援编队的司令，他在自己的日记里认为最后一次大规模的增援努力结束了，这次海战是瓜岛争夺的一个决定性的转折，对双方而言，海战的胜利就预示着瓜岛争夺的胜利。美军南太平洋战区司令哈尔西中将在这次海战结束后表示，在此之前，日军一直随着自己的意愿而行动，在此之后，日军就只能随着我们的意愿行动了。美国海军总司令欧内斯特·约瑟夫·金上将建议总统和国会晋升哈尔西上将军衔，以表彰他的赫赫战功。11 月 26 日哈尔西晋升为上将。金上将还认为尽管美军遭受了严重的损失，但取得了决定性的胜利，从此解除了瓜岛所受到的严重威胁。罗斯福总统在卡拉汉和斯科特两将军的追悼会上，宣称："这次战争的转折点终于到来了！"

哈尔西向全体参战将士发出："干得漂亮！"的嘉奖电，范德格里夫特也向海军的胜利发来了贺电："海军陆战队 1 师全体将士高举经过炮火洗礼的钢盔，谨向你们致以最崇高的敬意！"

瓜岛以北海战的巨大胜利，和同盟国的其他胜利汇成了 1942 年 11 月头两周的辉煌：11 月 3 日，英军在阿拉曼击败了德军隆美尔元帅指挥的"非洲军团"；11 月 8 日，同盟国在北非成功实施了代号为"火炬计划"的登陆行动；11 月 17 日，美军和澳大利亚军向新几内亚群岛布纳、戈纳的日军发起反击；11 月 19 日苏军在斯大林格勒开始反攻，包围了德军精锐的第 6 集团军。——所有这些胜利，使 1942 年 11 月初，成为同盟国在二次大战中的最关键的转折时期！

第十二章

埃斯帕恩斯角
遭遇战

　　埃斯帕恩斯角海战是日美太平洋战争中，发生于 1942 年 11 月 11 日夜的一次海战，属于瓜达尔卡纳尔 6 次大规模海战的第 3 次，美军诺曼·斯科特海军少将指挥的巡洋舰分队在暗夜利用雷达伏击五藤存知少将指挥的日本巡洋舰第 6 战队，击沉 1 艘，击伤两艘，战果虽然不大，但却打破了日本海军夜战无敌的神话。日本海军脸上无光，连战报都没有发出。

❧小档案❧

作战时间：1942.11.11

海战地点：瓜岛埃斯帕恩斯角和萨沃岛之间埃斯帕恩斯角

交战双方：美国　日本

主要指挥官：诺曼·斯科特（美国）、五藤存知（日本）

战斗结果：美军获得胜利

战前部署

　　所罗门群岛以东海战之后一个半月，日美双方都在设法向瓜岛输送援兵和补给品，均未使用大兵力群进行海战。由于美军已开始使用瓜岛机场，日军难以掌握制空权，便利用暗夜以驱逐舰向该岛输送援兵。驱逐舰的航速较高，可以快来快去，遂被美军称为"东京快车"。不过，驱逐舰载运的兵员有限，又不宜携带重型装备，因此岛上的反击难奏效。有鉴于此，自10月初，日军便改用水上飞机母舰组织输送。前几次运行还算顺利，10月10日又编成一支增援舰群，以"日进"号、"千岁"号2艘水上飞机母舰为输送船，由6艘驱逐舰为其护航。同时，还派遣第6巡洋舰战队出海进行火力支援。1942年10月11日6时，这支编队从肖特

◀"千岁"号轻型航空母舰

兰岛启航，载运野炮、高炮、榴弹炮、牵引车等重型装备和部分兵员，直趋瓜岛。

美军登上瓜岛后，其海上部队在交战中受到严重损失，尚未掌握这一地区的制海权，不敢轻易进行补给。岛上供应逐渐下降，官兵情绪日益不安。为了扭转这种不利局势，提高部队士气，美军南太平洋战区司令官戈姆利海军中将，也于这时组织了一支增援部队。编队由2艘运输船组成，有8艘驱逐舰担任护航，载运大量军需物资及3000余名官兵，于10月9日从努美阿启航，向瓜岛开进。同时还派出了3支编队，以加强海上航渡过程中的掩护和支援。这3支编队是：

1. 以"大黄蜂"号为核心的航空母舰特混编队，在瓜岛西南180海里水域担任空中警戒；

2. 以"华盛顿"号为核心的战列舰特混编队，在马莱塔岛以东约50海里水域担任海上警戒；

3. 以巡洋舰为主的第64特混编队，前去瓜岛水域，搜索并攻击日军舰船，以进攻行动来保障增援编队的航渡安可见，日方对增援编队的掩护远远不及美方重视。美增援编队在重兵警戒之下，安全抵达瓜岛。但这里着重记述的，是双方巡洋舰编队在瓜岛埃斯帕恩斯角和萨沃岛之间相遇时发生的一场激战。

实力 PK

美 国

第64特混编队（"法伦霍尔特"号、"邓肯"号、"拉菲"号、"布坎南"号、"麦克拉"号驱逐舰，"旧金山"号、"波伊斯"号、"盐湖城"号、"海伦娜"号4艘巡洋舰）

▲ "吹雪"号驱逐舰

日 本

第 6 巡洋舰战队（"青叶"号、"古鹰"号、"衣笠"号重巡洋舰）

第 11 驱逐舰队（"吹雪"号、"初雪"号驱逐舰）

精彩回放

两军对进

　　据日军指挥部估计，增援编队在海上航渡时，不会遇到美舰艇部队的截击，但对其航空部队的空袭颇为担心。因此决定：在增援编队进入美机作战半径之内的 11 日，昼间由岸基航空部队负责压制瓜岛机场，夜间则由第 6 巡洋舰战队继续执行这项任务。日本第 6 巡洋舰战队的核心是三艘古鹰级重巡洋舰"青叶""古鹰"和"衣笠"，第 11 驱逐舰队的"吹雪""初雪"号驱逐舰担任护卫。统由五藤存知海军少将指挥。他不仅精心研究了炮击的时间、地点和该使用什么炮弹、引信，还专门找了个珊瑚岛做了演习。当他于

▲ "初雪"号驱逐舰

11 日 12 时由肖特兰岛启航,以 24 节高速沿"槽海"(所罗门群岛两列岛屿之间的窄长海域)南进。整个日军部队中对他满怀着期待。当天日没时,鉴于己方侦察机未发任何敌情通报,敌机又大多不在夜间出击,则把航速增至30 节,向瓜岛疾驰。

日岸基飞机 11 日昼间对瓜岛机场的轰炸,的确起了作用,日增援编队沿"槽海"南进时虽被美方发现,但因其飞机忙于保护机场,无法脱身,只好派正在瓜岛以南巡航的第 64 特混编队前去截击。这支编队辖有巡洋舰 4艘,驱逐舰 5 艘,由斯科特海军少将指挥。斯科特接到命令后,立即率队北进。为能先于日军进入瓜岛西北水域,编队航速增至 29 节。这样一来,就形成了美、日巡洋舰编队自南北两方对进的态势。

突然遭遇

1942 年 10 月 11 日 21 时许,美第 64 特混编队绕过瓜岛西海岸,向萨沃岛航进,航速减至 20 节。其队形为单纵队:"法伦霍尔特"号、"邓肯"号、"拉菲"号 3 艘驱逐舰在前,"旧金山"号、"波伊斯"号、"盐湖城"号、"海伦娜"号 4 艘巡洋舰居中,"布坎南"号、"麦克拉"号 2 艘驱逐舰在后。各巡洋舰之间的距离为 600 码,各驱逐舰之间的距离为 500 码,巡洋舰和驱逐舰之间的距离为 700 码。21 时 30 分，斯科特令 4 艘巡洋舰派出飞机进行侦察，"旧金山"号和"波伊斯"号遵令执行。但"盐湖城"号的飞机在起飞作业时着火焚毁，"海伦娜"号未接到命令，因怕飞机在炮战中起火而将其抛入海中。

这时，日第 6 巡洋舰战队已经进至美第 64 特混编队西北，两军相距约 50 海里。日方队形是，"青叶""古鹰""衣笠" 3 艘巡洋舰依次列成单纵队，各舰之间距离为 1200 米；"初雪""吹雪" 2 艘驱逐舰，分别在"青叶"的左、右前方担任航行警戒，方位 70°，距离 3000 米。编队航向东南（125°），航速为 30 节，双方距离正在迅速缩短。美"盐湖城"号水上飞机燃烧的火光，日舰已经看到，五藤以为是岸上日军或失行增援编队发出的信号，则用闪光信号回答。但因光度较小，能见度不良，美方并未看到。

22 时 50 分，美舰"旧金山"号的飞机报告："发现大舰 1 艘、小舰 2 艘，在瓜岛以北，距萨沃岛约 16 海里。"这是日军城岛海军少将率领的增援编队，美侦察机报告的兵力虽然不对，但位置是对的。

23 时 25 分，装备 SG 型新式雷达的"海伦娜"号报告："发现目标，方位 315°，距离 27 700 码，目标航向东南，航速约 20 节。"

◀"海伦娜"号巡洋舰

▶"旧金山"号巡洋舰

旗舰"旧金山"号虽然装备 SC 型旧式雷达，但斯科特考虑到，日舰装有雷达接收机，能够收到 SC 型雷达发射的电波，所以才敢使用本舰的雷达，主要依靠友舰和飞机提供敌情。上述两个报告说明，在其左、右各有一个敌舰群。于是，他下令掉转航向，以期封锁萨沃岛和埃斯帕思斯角之间的水道。斯科特以为，这样既可阻挡雷达发现的敌舰群向瓜岛接近，也可拦截飞机发现的敌舰群自瓜岛撤离。

"海伦娜"号雷达发现的目标就是日军的第 6 巡洋舰战队。这支战队此时已经进至美第 64 特混编队的左侧，当斯科特由左向后鱼贯转向时，两军便在黑夜中狭路相逢，突然遭遇了。

美军得手

斯科特突然转舵回航，使五藤处于他的正横方向，美军在无意之中占了极为有利的"T"字横头阵位。尽管如此，斯科特却不敢下令开炮。因为前行的 3 艘驱逐舰转向时用的舵角较大，被甩到旋回圈之外，这时正从几艘巡洋舰的右侧赶来。这样，对在右侧突然出现的目标，就一时难以辨别敌我了。但是，"海伦娜"号由于装了 SG 型雷达，对敌舰群的到来看得真切，当双方接近到 5000 码时，舰长用报话机请求开炮，23 时 46 分，"海伦娜"号开始射击。其他军舰，也随之开火。在美舰炮击前数分钟，日编队已发现左舷 15°、5 海里外有几个舰影，以为是己方增援编队。当时大雨刚停，能见度较差，五藤决定继续前进，准备缩短距离后发出识别信号。正在这时，对方打开探照灯，并以猛烈炮火集中轰击"青叶"。当该舰连续发出"我是青叶……"的灯光信号时，舰桥中弹，多人伤亡，五藤司令官重伤，不久身亡。为了摆脱对手，重整队伍后再投入战斗，"青叶"号旗舰迅即右后转向，"古鹰"号随后跟进。

这时，美舰本可逐次对接近转向点的日舰集中射击，而日舰几乎不能还手。可是，斯科特竟以为"海伦娜"号等舰炮击的目标是己方的驱逐舰，遂于 23 时 47 分下令停止开火。有的美舰不听斯科特的命令，仍然继续发炮。斯科特则一再重申前令，并亲自督促自己的旗舰"旧金山"号，才总算停止了射击。

追击不力

斯科特依然弄不清孰敌孰友，便以报话机向 3 艘前行驱逐舰指挥官托宾："你好吗？"托宾回答："很好，我正率领所属三舰从右侧赶来，准备抢占阵位。"斯科特进一步问道："巡洋舰射击过你的驱逐舰吗？"托宾："没有，我不知道巡洋舰射击的是谁。"

斯科特疑虑难消，又令托宾指挥的 3 艘驱逐舰打开识别灯。于是，这 3 艘军舰各自闪出了绿、绿、白三色灯光。直到这时，斯科特才放下心来，并于 23 时 51 分下令恢复开火。

在耽搁的这几分钟内，几艘日舰基本转向完毕，尤其是"衣笠"号巡洋舰和"初雪"号驱逐舰未执行由右向后转向的命令，而是由左向后转向，所以几乎未遭美舰的炮轰。

美军恢复射击后，各巡洋舰自选目标，猛烈开炮，而驱逐舰或发射照明弹进行照明，或发炮直接射击日舰。一时海天通明，火光四射，炮声隆隆，战况激烈。美驱逐舰"邓肯"号前去攻击日巡洋舰"古鹰"号，并发射两枚鱼雷，其中一条命中"古鹰"左舷中部。"古鹰"又中多发炮弹，引起爆炸，遂于 12 日 0 时 43 分在萨沃岛 310° 方位、22 海里处沉入海底。"邓肯"号是时处于敌我之间，先受到日舰的回击，其锅炉舱中弹受创，后又被友舰误

▲ "古鹰"号巡洋舰

击，致使伤势益重，遂向东北退去，也于次日 10 时在萨沃岛以北 6 海里也沉没。美驱逐舰"法伦霍尔特"号也于这时被己方舰炮误伤。

各巡洋舰随"旧金山"号旗舰向西南航进时，忽见西方有 1 军舰，距离 1000 余码，航向与美舰平行。该舰先发出红、白两色灯光信号，未见回答后便立即向右转向。"旧金山"号打开探照灯，数艘美舰集中火力向其猛轰。这是日军的"吹雪"号驱逐舰，刹那间，中了许多炮弹，舰上大火熊熊，不久引起爆炸，于 23 时 53 分沉没。其余日舰，径向西北遁去。

23 时 55 分，斯科特下令转向，与日编队平行航进，以便各舰发扬火力。

24 时，斯科特又令各舰停火。他认为在继续战斗之前，需要整理一下队形，命令舰只一律打开识别灯。除"法伦霍尔特"号和"邓肯"号因伤未到外，其他各舰编成单纵队，尔后开始追击。

其时，"波伊斯"号的雷达发现右后方有不明目标。该舰使用探照灯照射，认定是日舰，便进行炮击。"波伊斯"号暴露了自己的位置，日"青叶"号立即还击，顷刻击中炮弹 4 颗。接着，日"衣笠"号也从远处发炮，命中 203 毫米炮炮弹两发。随后跟进的"盐湖城"号向右转舵，插到"波伊斯"号和日舰之间，并用炮火压制日舰。"波伊斯"号于 12 日 0 时 12 分向左转向，撤出战斗。"盐湖城"号和"衣笠"号继续进行炮战，双方皆有一定损伤。后来，"旧金山"号也用火控雷达引导，对这艘日舰射击，使其退避。

12 日 0 时 28 分，斯科特唯恐后面的美舰将"旧金山"号误为日舰，再次下令停火，通知各舰第三次打开识别灯。整理好队形后，日舰已无踪影，斯科特来再追击，而是转向西南航行，撤出了战斗。残存的日舰于 12 日上午返抵肖特兰岛。

沙场点将

诺曼·斯科特

诺曼·斯科特（1889 年～1942 年）美国海军少将。出生于美国印第安纳州的安纳波利斯。1911 年毕业于美国海军学院。参加过第一次世界大战。1917 年 12 月他的驱逐舰被德国潜艇击沉。在 20 世纪的 20 年代头几年，诺曼·斯科特一直在纽约和夏威夷的海军基地之间飘来飘去。他精于格斗，最烦坐办公室。海军军官要轮流到海军部待一段时间，以增加管理才能，对他来说是最痛苦的时刻，很多海军军官比如威廉·丹尼尔·莱希因为有家室，不愿意长期待在海上，斯考特则愿意永远待在舰上，可是军中有规定，他也只好来到华府。最后他想出一个办法，就是故意把事情搞砸，他经手的业务都是一团糟，海军部实在忍不下去了，就早早让他返回舰队。

1924 年到 1930 年，他被分配到战斗舰队担任指挥官，指挥的驱逐舰麦克利什号和保罗琼斯号。在 20 世纪 30 年代初，当时还进一步到军事学院进修。毕业后指挥轻巡洋舰辛辛那提号，1937 至 1939 年作为美国海军代表团成员驻巴西。晋升为上校军衔，不久后指挥的重型巡洋舰彭萨科拉号。珍珠港事变后，在西南太平洋海域作战。1942 年晋升海军少将。

瓜岛战役是斯考特命运中的战争。萨沃岛海战，小心谨慎的法兰克·杰克·弗莱彻先撤了，没经验的里奇蒙德·凯利·特

▲ **诺曼·斯科特**

纳自以为是地认为敌人不会连夜进攻，还让没有多少军舰的海军分成3个编队，守卫他认为的敌人可能进攻的3个方向，除了诺曼·斯考特少将指挥的编队外，另外两个编队几乎被全歼了。这样一来，只能轮到斯考特了。他被提升为第六十四特遣舰队司令。同年10月率舰队在埃斯佩兰斯角海战中，截击日军增援瓜达尔卡纳尔岛的部队，击沉日巡洋舰和驱逐舰各1艘，重创重型巡洋舰1艘。

在著名的瓜岛夜战的时候，虽然哈尔西器重斯科特，但在组建第64战役编队的时候，但还是遵循军中惯例，由早15天晋升少将的卡拉汉指挥。卡拉汉根本没有一个书面的战斗计划，战斗开始时也没有下达如何迎敌的命令。在11月12日那个混乱而残酷的夜晚，为阻止日本舰队突入海峡，斯科特在轻巡洋舰"亚特兰"号上战死，同时战死的还有重巡洋舰"旧金山"号上的丹尼斯·卡拉汉海军少将。两位将军都随船沉没。尸骨无存。为表彰他们"非凡的英雄气概和突出的勇敢精神"，被追授美国国会荣誉勋章。

五藤存知

五藤存知（1888年～1942年），日本海军军人，海军兵学校（38期）毕业。

五藤存知专业是施放水雷战术，战争前就已经是驱逐舰与战舰"山城"号、"陆奥"号的历任舰长。太平洋战争开战前已经是"第6战队司令官"、开战后率舰参加"中途岛海战""珊瑚海海战""第1次瓜达尔卡纳尔海战"。

1942年10月12日，五藤以重巡洋舰"青叶"为旗舰带领另两艘重巡洋舰衣笠号与古鹰号，前去炮轰瓜达尔卡纳尔岛上的亨德森机场。舰队遭遇美军史考特少将率领的，由4艘巡洋舰与五艘驱逐舰组成的舰队。此即埃斯佩兰斯角之战。美舰拥有雷达，率先发现日舰，但五藤误认美军舰队为友舰，向其发出讯号，后被美舰集中火力射击。青叶号舰桥被美舰击中，五藤两足断飞，大量出血战死，时年54岁。古鹰也被击沉。五藤死后追晋海军中将。

相关链接

古鹰级重巡洋舰

古鹰级重巡洋舰是日本建造的首级重巡洋舰，完成于 1926 年，古鹰级只装备三座双联装 203.2 毫米主炮，对比起妙高级和高雄级的 10 门 203.2 毫米主炮，或是大多数美国巡洋舰的 9 门 203.2 毫米主炮都要弱小得多。大战中，古鹰级是最早覆灭的一级重巡洋舰。

"古鹰"号 1926 年 3 月 31 日完工于三菱长崎造船厂，1937 年 4 月 30 日完成现代化改装，改为三座连发炮塔，鱼雷发射管自 12 门缩减为 8 门，并加强对空武器和侦察机。

"加古"号 1926 年 7 月 20 日于神户川崎造船厂完工，为古鹰级 2 号舰。1937 年 12 月 27 日完成现代化改装，改为三座连发炮塔，发射管更改为上甲板回旋式，并加强对空武器和侦察机。

▲古鹰级重巡洋舰

"衣笠"号1927年9月30日于神户川崎完工，为古鹰级的改良舰，也是第一艘装备双连发炮塔的军舰。1940年10月完成现代化改装。

"青叶"号1927年9月20日于三菱长崎完工。1937年10月完成现代化改装。

开战前，古鹰级4舰组成第6战队，担任第1舰队的战列舰护卫任务。开战后被派到第4舰队，参加关岛攻防战及第二次威克岛攻略作战，负责对岸射击和警戒。

1942年7月成立了用于新几内亚和所罗门群岛支援作战的第8舰队，第6战队为其中主力部队。美军在瓜岛登陆后，第8舰队司令三川军一中将率由"鸟海""古鹰""加古""衣笠""青叶""天龙""夕张""夕风"组成的特混舰队偷袭伦加岛的美澳舰队。8月8日午夜，以鸟海受轻伤的代价击沉美澳军"阿斯图里亚"号、"昆西"号、"文生斯"号和"堪培拉"号，"芝加哥"号受重创，可谓完胜，但于翌日回程途中，"加古"号在新爱尔兰岛北方遭美国潜艇S—44的鱼雷攻击沉没。古鹰级火力薄弱的特点也在后来的战斗中逐渐暴露出来，并付出惨重代价。

1942年11月11日午夜，两军在萨沃岛海域再次交锋，剩余的古鹰级三级参战。"古鹰"号遭到美舰的雷达控制主炮的集中射击，于12日凌晨40分被击沉。"青叶"号遭到美舰雷达控制火力射击，受损严重。"衣笠"号与友舰合作击沉1艘驱逐舰，并击毁2艘巡洋舰和1艘驱逐舰。但于3天后的11月14日，炮击瓜岛机场后，在萨沃岛外海遭美国航空母舰企业号舰载机和海军陆战队战机炸沉。

瓜岛之战后，古鹰级仅残存"青叶"号一艘。1943年4月，"青叶"号于新爱尔兰岛的卡比恩遭到美机轰炸。1944年4月，于马尼拉触雷受损。1945年7月24日及28日，在吴县军港遭到二次空袭，大毁沉船，战后被打捞解体。

战役结果及影响

日军将这次海战称为"萨沃岛夜战"，美军则称之为"埃斯帕恩斯角海战"。此战结果，日军沉巡洋舰、驱逐舰各1艘，伤巡洋舰2艘；美军沉驱

▲ "青叶"号重巡洋舰

逐舰 1 艘，伤驱逐舰 1 艘、巡洋舰 2 艘。

从战果看，是美军获胜。战绩虽不算大，可是来之不易。萨沃岛海战后，斯科特深知日海军擅长夜战，则组织部队积极进行夜间训练，研究并且制定夜战的有关要领。他曾多次率队出海，通宵达旦地演练各种科目，且有显著成效。据日方史料记载，在这次海战中，"美舰火炮命中率颇高"，"第 1 次齐射就击中'青叶'舰桥，致使司令官司以下多名军官伤亡，'初雪'号仅水线以上就有 90 来个弹痕。"不言而喻，这主要归功于战前的训练。有了严格的训练，才能第一次世界大战而胜，洗雪前耻。这次胜利，使士气低落的美舰艇部队大受鼓舞。

但不容忽视，美军在此战中暴露的问题也不少。例如，正当各舰奋勇击敌时，突然下令停止射击，不仅有伤士气，也使战机错过。若当日军各舰转向时，不发停射命令，日编队必遭火炮和鱼雷的集中攻击，或许难逃覆灭之灾；如不下达第 2 次停射命令，继续追击，料可取得更大的战果，也许不致因此而给日舰进行反击的机会，从而减少己方的损伤。再如，旗舰"旧金山"号的雷达较旧，斯科特在关键时刻，对战场情况若明若暗。如以装有 SG

型雷达的巡洋舰作为旗舰，能较清楚地掌握战况，则可打得更好一些。

在日军方面，除"古鹰"号、"吹雪"号被击沉外，"青叶"号中弹近40发，不得不回国进坞大修。这对其士气挫伤甚大，日海军自以为夜战是其独一无二的专长，从此，这种自信开始动摇。日军大本营感到脸上无光，连战表都未发出。此战失利，与其骄矜自负、麻痹大意有直接关系。在日海军看来，美舰艇部队不敢进行夜战，必然望风而逃，入夜后不会遭到阻击。如此轻敌，岂能认真对待侦察。结果遭敌突袭，只好仓皇败退。

不过也应看到，日军失中有得。斯科特将五藤吸引过来，而未去袭击日增援编队。后者乘双方激战之际，把一批重型装备和部分兵员顺利送上瓜岛，为岛上作战提供了巨大支援。

第  章

夜斗塔萨法隆格

　　塔萨法隆格海战是美、日海军在瓜达尔卡纳尔岛争夺战中的重大海战之一。美军在雷达指引下开火，击沉日驱逐舰 1 艘。日舰以发射鱼雷进行还击，20 分钟后即撤离战区。美军 3 艘巡洋舰受创，1 艘巡洋舰被击沉。日军虽以弱胜强，但增援瓜岛的企图再度受挫。

❀ 小档案 ❀

作战时间：1942.11.29 ～ 11.30

海战地点：塔萨法隆格

交战双方：美国　日本

主要指挥官：赖特（美国）、田中赖三（日本）

战斗结果：美军被击沉重巡洋舰 1 艘，重创重巡洋舰 3 艘；日军一艘驱逐舰被击沉。

战前态势

1942 年 11 月中旬，日军在所罗门群岛南部地区发动进攻受挫后，被迫转入守势。其航空母舰全部撤离南太平洋，回国进行修理和补充飞行人员；巡洋舰以上大型舰只不再进入瓜岛海域。负责东南线作战的日海军部队，仅将 10 余艘驱逐舰留在拉包尔海军基地，以配合瓜岛地区的行动。这时，战场上的制空、制海权已基本上落入美军手中，瓜岛日军的后勤供应线几乎被切断，守岛部队武器弹药缺乏，口粮只能维持每人定量的 1/3，甚至 1/5，日军不得不以野菜、四脚蛇等充饥，从而陷入了严重困境。

但是，日军并未完全放弃继续进攻的战略企图。日军大本营对瓜岛部队下达的指令是：必须顶住美军，固守现有阵地，待送到必要的兵力和军需物资后，再发挥总体威力，一举夺回瓜岛。这时，岛上美军尚未用大兵力群组织反击，日军坚守阵地没有受到太大压力。可是，由于后勤补给受阻，饥饿却成了他们的最大威胁。

▲ 日军在重巡洋舰青叶号上装零式三座水上侦察机

　　日军东南前线指挥部决定倾注全力对瓜岛部队进行补给。先是每天派出
1 艘潜艇，以浮桶运送物资。其基本方法是：把粮秣医药等物装入铁桶（约
半量），加以密封，以绳索连接起来，装载于甲板上，潜艇抵达指定水域后，
将其投掷于水中；守岛部队再派出汽艇，将浮桶拖至岸边捞起。然而，潜艇
的运载量十分有限，根本不能满足前线的需要。11 月 28 日，东南前线指挥
部又决定使用若干艘驱逐舰，以编队形式强行突破封锁，将盛装给养等物的
浮桶运往瓜岛。这支编队由 8 艘驱逐舰组成，装载 1100 个浮桶和少量陆军
部队，在田中海军少将的指挥下，于 29 日 22 时 30 分从所罗门群岛北部的肖
特兰岛启航南下。

　　在美军方面，由于瓜达尔卡纳尔海战给了美方以巨大鼓舞，最高统帅部
内不仅没有人再提撤出瓜岛的意见，相反还决意大力加强所罗门群岛地区的
反攻行动。参谋长联席会议决定，从西南太平洋战区抽调美陆军部队前往瓜

岛，以替换在岛上苦战三个多月的美海军陆战第一师。同时，还加紧扩建岛上的机场。到11月底，美军在瓜岛已有两条战斗机跑道和一条轰炸机跑道。部分B-17型重轰炸机也进驻瓜岛，使亨德森机场的美机增至120余架。前5次海战，美军海上兵力消耗很大。这时，新造舰只和修复舰只也源源开来，使舰艇部队得到了加强。

美西南太平洋战区司令哈尔西为了挫败日军的新攻势，积极地进行着准备。他将海上部队的编制了若干调整，以航空母舰"企业"号和"萨拉托加"号为主体，分别组成两支航空母舰特混编队；以"华盛顿"号、"北卡罗来纳"号和"印第安纳"号为主体，组成一支战列舰特混编队。这三支编队均以努美阿为基地，活动于所罗门群岛以南海域，举其全力加强瓜岛作战。另将已被打垮了的第67特混编队加以补充，由金凯德海军少将任指挥官，后由赖特海军少将接任。重建的第67特混编队以圣埃斯皮里图岛为基地，其基本任务是，切断日军对瓜岛的补给。

29日傍晚，哈尔西收到了日驱逐舰在肖特兰岛布因港集结的报告。他当即命令刚刚到任的赖特海军少将率领第67特混编队出航，前往瓜岛铁底湾待机，以防日军驰援。

实力 PK

美 国

第67特混编（"弗莱彻"号、"珀金斯"号、"莫利"号、"德雷顿"号、"拉姆森"号、"拉德纳"号驱逐舰，"明尼阿波利斯"号、"新奥尔良"号、"彭萨科拉"号、"檀香山"号和"北安普敦"号巡洋舰）

▲"长波"号驱逐舰

日 本

"高波"号驱逐舰、"江风"号驱逐舰、"凉风"号驱逐舰、"长波"号驱逐舰、"卷波"号驱逐舰、"阳炎"号驱逐舰、"黑潮"号驱逐舰和"亲潮"号驱逐舰。

精彩回放

相互接敌

29日夜间，第67特混编队在赖特海军少将指挥下驶离圣埃斯皮里图岛。为了争取时间，赖特选择了一条最短的航线，经圣克里斯托贝尔岛以东，以28节航速，向距离580海里的铁底湾急进。30日黄昏，第67特混编队驶至瓜岛东南海域。其航行序列是：以"弗莱彻"号、"珀金斯"号、"莫利"号、"德雷顿"号4艘驱逐舰为前卫，以"拉姆森"号、"拉德纳"号2艘驱逐舰为后卫，以"明尼阿波利斯"号、"新奥尔良"号、"彭萨科拉"号、"檀香山"号和"北安普敦"号5艘巡洋舰为中军，一律列成单纵队。备巡洋舰之间的距离为1000米，驱逐舰群与巡洋舰群之间的距离为3600米。早

◀ 美军登陆舰

在这天上午，赖特曾接到敌情通报：据一名潜伏在肖德兰岛的澳大利亚谍报员报告，布因港内突然少了近10艘驱逐舰。这是美军得到的唯一确实情报，不过对驱逐舰的具体去向，仍一无所知。

为了避开美军的侦察机，日将田中决定绕道前进。从肖特兰岛的布因港出航后，日驱逐舰编队先向东偏北航行，进至翁通爪哇群岛以东海域后，再急转南下。30日下午，田中编队在圣伊萨贝尔岛东北海域列成双纵队，朝瓜岛方向疾驰。入夜后，"高波"号、"江风"号、"凉风"号、"长波"号、"卷波"号、"阳炎"号，"黑潮"号和"亲潮"号的顺序，变成单纵队，各舰之间的距离为600米。在进入铁底湾之前，田中派"高波"号先行，担任前方警戒，令其他各舰将航速减为21节。进至爪岛的塔萨法隆格附近水域后，各舰除鱼雷部门外，其他舰只均已进入准备投放浮桶的部署，航速减至12节。23时12分，"高波"号报告："发现目标，像是敌舰，方位100°。"接着，其他日舰也先后发现了美舰。23时16分，田中下令："停止投放浮桶，准备战斗！"日舰立即清理甲板，恢复原状，进入战斗部署；来不及恢复原状的日舰则索性把浮桶抛入海中，投入战斗准备。

美军攻击

日军发现的目标正是美第 67 特混编队。这时，赖特率其编队正沿爪岛北岸航进。23 时 5 分，旗舰"明尼阿波利斯"号雷达首先发现日舰队，距离大约 23 000 米，并通报所属各舰。23 时 14 分，前行的 4 艘驱逐舰上发现目标，并做好了实施鱼雷攻击的准备。两分钟后，前导舰"弗莱彻"号通过雷达判断日舰从其左前方接近到 7000 米，要求发射鱼雷。赖特以为距离尚远，犹豫不决，并用报话机与"弗莱彻"号舰长科尔海军中校磋商。足足花费了 4 分钟，科尔才使赖特相信，距离已不算远。23 时 20 分至 21 分，"弗莱彻"号进行两次齐射，共发射 10 枚鱼雷。随后跟进的"珀金斯"号，接着发射了 8 枚鱼雷。

第三艘驱逐舰"莫利"号因为只有旧式雷达，不能确定目标方位和距离，未能发射。"莫利"号后面的"德雷顿"号也因雷达性能不佳，看不清敌人，只向其中一个目标发射了两枚鱼雷。双方军舰正以相反航向疾驰，相对阵应变化迅速。日舰从美驱逐舰群的左前方驶到左后方，距离已开始拉

▲ 美军舰发动攻击

大。美驱逐舰发射的 20 枚鱼雷，都未追上目标。这时，日编队已驶至美巡洋舰群的左前方，赖特命令各巡洋舰开炮，担任前卫的 4 艘驱逐舰只，也纷纷参加了炮战。2 艘后卫舰装备的是旧式雷达，起先未能发现目标，仅向左前方发射照明弹；当日舰驶入目视距离时，它们也开始对敌进行炮击。

日军反击

日军这次出航，希望能够不发一弹地完成输送任务。日舰遭到炮击后，田中下令用鱼雷进行反击，美舰发炮的闪光恰好成了日舰实施鱼雷攻击的瞄准点。23 时 27 分，当美旗舰"明尼阿波利斯"号进行第 9 次齐射时，即被 2 枚鱼雷击中。"明尼阿波利斯"号舰首被炸毁，舱内进水，航速锐减。随后跟进的"新奥尔良"号巡洋舰为了不与受伤的旗舰相撞，急忙满舵右转，虽未撞上旗舰，却被另一枚鱼雷击中。其左舷前部被炸开一个大洞，破口裂到 2 号炮塔附近，航速减至 5 节。第 3 艘巡洋舰"彭萨抖拉"号为了与前面两舰避碰向左急转，陷入起火燃烧的两艘美舰与日舰队之间，在火光的映衬下，成了日舰发射鱼雷的极好目标。23 时 39 分，"彭萨科拉"号被 1 枚鱼雷击中，机舱进水，引起大火，三个炮塔不能使用。第 4 艘巡洋舰"檀香山"号向右转舵，从烈火熊熊的前两艘巡洋舰的右侧通过，未暴露目标。它以 30 节高速一面向萨沃岛以北撤离，一面用 152 毫米炮继续射击。"北安普敦"号巡洋舰也随"檀香山"号向右规避，一边用 203 毫米炮射击，一边向西北航进，日"亲潮"号驱逐舰发现了该舰，对其齐射了 8 枚鱼雷。23 时 48 分，两枚鱼雷击中"北安普敦"号，使该舰发生大火，机舱进水，舰体倾斜，于次日晨沉没。

撤离战场

日"高波"号驱逐舰奔驰在田中本队的左前方。美舰一开火，它立即发射了鱼雷，然后向右转头撤退。该舰离美编队最近，旋即遭到集中炮击。

"高波"号用舰炮猛烈还击，这就恰好成了美舰的集射目标。它越还击，被命中的弹数也愈多。它发射了70发炮弹，即被美军击沉。出发之前，田中曾对各舰下达指示：如果发生战斗，尽量使用鱼雷攻击敌人，然后迅速撤离；除非绝对必要，不许使用舰炮。因此，其他军舰皆未开炮。日舰实施鱼雷攻击后，有的舰只又驶近岸边继续投掷浮桶。次日1时30分，除"高波"号外，其余日舰顺利撤出了铁底湾，开始返航。

美军担任后卫的"拉姆森"号和"拉德纳"号驱逐舰遭到了受伤巡洋舰的误击，战斗正酣时就提前撤离战场，几艘受伤的巡洋舰，也于次日凌晨先后离开战场。因旗舰受伤，赖特把指挥权交给了"檀香山"号上的提斯德尔海军少将。提斯德尔指挥"檀香山"号等舰围绕萨沃岛搜索日舰，未再发现目标，遂率队返航。塔萨法隆格海战，至此结束。

沙场点将

田中赖三

田中赖三（1892年～1969年），太平洋战争中的海军中将，山口县人。塔萨法隆格海战的胜利者。

1916年田中毕业于日本海军雷击学校，并先后在驱逐舰"汐风"号、轻巡洋舰"由良"号任鱼雷长，这些经历使田中对鱼雷攻击情有独钟，并成为联合舰队鱼雷攻击方面的专家。1940起年已经成为海军上校的田中田中在历任"金刚号"战列舰舰长和第6潜水艇舰队司令官后于1941年9月转任联合舰队第2雷击舰队司令官，并于同年10月获得海军少将军衔。太平洋战争爆发后，田中率领他的舰队转战南北，先后参加了联合舰队对印度尼西亚的突袭战、中途岛大海战、第2次所罗门海战等。1942年8月，田中的第2雷击舰队加入瓜达尔卡纳尔的陆海空大战。1944年10月晋升海军中将。1969年田中病死于日本山口县老家。

相关链接

美国失败的原因

这次海战，论态势，美军居于主动进攻地位，日军处于被动防御地位；论投入兵力兵器的质量和数量，美军大大强于日军；论夜战中具有重要作用的观察手段，美舰使用雷达，而日舰全靠目力观测。可是交战的结果，前来实施截击的美巡洋舰，驱逐舰编队，却被执行运输任务的日驱逐舰编队打得落花流水。日军除完成了输送任务外，竟以1艘驱逐舰的代价，击沉美重巡洋舰1艘，重创3艘。为何居于有利地位并占有明显优势的美军反而吃了败仗？从战术上看，以下几点值得借鉴。

第一、战术侦察不利。进驻瓜岛的美军飞机虽然不少。可是对所罗门群岛以北海域的侦察组织得不好。其实，一架侦察机曾发现向瓜岛舰进的田中编队，但美军指挥部竟未收到那架飞机的报告。第67特混编队中的5艘巡洋舰都带有水上飞机，39日下午，赖特却不派这些飞机进行必要的临战侦察，反而令它们离舰飞往附近的图拉吉港等地，以防夜战时被击中起火。就这样，美编队在不明敌情的情况下，进入了铁底湾。

第二、兵力使用不当。赖特主队（5艘巡洋舰）与前卫驱逐舰群没有拉开适当距离，使前卫舰未能先期发现敌人，适时发出预警。待发现敌舰后，赖特又未命令前卫驱逐舰群离开主队，前去单独实施攻击，而将其束缚在巡洋舰队列之中，没有充分发挥它们的作用。这时，它们迅速接敌并实施鱼雷攻击，诸巡洋舰再适当减速，与之保持一定距离，待驱逐舰开始撤离，其发射的鱼雷命中或即将命中目标时，各巡洋舰再开炮射击，美编队便可有效地打击敌人，同时减少己方的损伤。

▶ 背景是一艘被日军
轰炸机击中的坦克登
陆舰，图为一艘救援
艇正赶去救援。

第三、未能发挥先进技术装备作用。美舰有SG型新式雷达，本应大大早于日军发现目标，并借助雷达指挥鱼雷攻击和火炮射击。可是，由于指挥部署失当，赖特并未收到先机之利。

第四、指挥不灵活。前行的驱逐舰群发现目标井接近到一定距离后，其指挥官却无权下令发射鱼雷。待赖特准予发射鱼雷时，已经错失了鱼雷攻击的有利战机。

第五、射击不准确。据日方战报记载，这次海战美舰发射的炮弹，产生横向误差者颇多。美太平洋舰队总司令尼米兹将军针对这个缺点，反复要求所属部队："训练、训练、再训练"。

赖特海军少将刚一到任就仓促上阵，也是美军失利的一个重要原因。日将田中指挥这次海战时没有犯什么错误，使美军无隙可乘，从而取得了以劣胜优的战果。

战役结果及影响

这次海战，是日美双方为争夺瓜岛而进行的第六次较大规模的海战，也是最后一次，美军兵力占有较大优势，可谓一切都占据上风，却在战斗中被击沉重巡洋舰 1 艘，重创重巡洋舰 3 艘，日军仅被击沉驱逐舰 1 艘，究其原因，主要是临战指挥上的失误，一方面战术呆板，发现日舰后，没有及时派出前卫驱逐舰实施鱼雷攻击，以打乱日军队形，巡洋舰再以舰炮火力予以支援，而是将驱逐舰束缚在巡洋舰队列中，没有能发挥驱逐舰应有的作用，也使巡洋舰遭到了巨大损失；另一方面指挥犹豫，当美军 21 时 6 分发现日舰到 21 时 20 分进行攻击，足足耽搁了 14 分钟，把装备新型雷达所带来的优势在犹豫不决中丧失掉了，如果美军能派装备新型雷达的驱逐舰前出，进行早期警戒，就能更早发现日军，提供足够的预警时间，然后立即组织前卫驱逐舰实施鱼雷攻击，就可以打日军一个措手不及，所以赖特的指挥上的多处错误，是造成海战失利的主要原因。

日军田中少将指挥果断，处置得当，取得了以劣胜优的战果，还顺利完成了铁桶运输的任务。但一次海战的胜利，仅仅是战术上的，局部的胜利，美军可以凭借其巨大的工业能力，迅速弥补损失的舰艇，而瓜岛上日军的被动局面，丝毫没有改变。

第十四章

马里亚纳火鸡大绞杀

马里亚纳海战也被称为菲律宾海海战，是发生在第二次世界大战中太平洋战场日本海军与美国海军之间在马里亚纳群岛附近的一次海战。是历史上最大的航空母舰决战。由于战斗中日军飞机被美军战斗机轻易击落，被美国人戏称为"马里亚纳射火鸡大赛"。

❧ 小档案 ❧

作战时间：1944.6.19 ~ 6.20

海战地点：马里亚纳海域

交战双方：美国 日本

主要指挥官：雷蒙德·阿姆斯·斯普鲁恩斯（美国）、马克·米切尔（美国）、小泽治三郎（日本）、角田觉治（日本）

战斗结果：美军 123 架飞机被击落（80 架为夜间降落失败）；日军损失 3 艘航空母舰、2 艘油船被击沉、600 架飞机被击落。

导火索

1944 年上半年，尼米兹与麦克阿瑟的海陆部队不断逼近日本本土，麦克阿瑟部队以跳岛战术向菲律宾群岛推进，尼米兹的太平洋舰队也在占领马绍尔群岛后跳越日军中太平洋最大基地特鲁克环礁，将矛头指向马里亚纳群岛，被夹击的日本于是加强在马里亚纳群岛的防务，欲使其成为最重要的"绝对国防圈"以阻击盟军的攻势，为日本本土争取时间。

盟军也将注意力放在马里亚纳上，一旦占领马里亚纳，大型远程轰炸机 B-29 就可直攻日本精华的关东地区，尤其是东京，如此便可打击日本工业及军民士气。

为夺取该群岛，盟军中太平洋战区兼美国太平洋舰队总司令尼米兹指派中途岛战役时表现优异的雷蒙德·阿姆斯·斯普鲁恩斯指挥第 5 舰队负责掩护登陆马里亚纳的部队并担任战役总指挥，登陆部队则由第 51 特遣舰队司令理查蒙德·凯利·特纳海军中将指挥，在 6 月中旬进入马里亚纳海域，对附近机场、港口的飞机和船只进行封锁及压制，并准备进攻塞班岛，以夺取空军基地。

　　另一方面，日本海军刚领悟航空母舰在海战中不可取代的强大地位，在1944年上半年终于首次将航空母舰的编制列在战列舰之上，但此措施已经落后美国两年半，使得在接下来的海战中日军航空母舰的作战能力远不如美国。在美军进攻塞班岛之际即派出刚整编完成的舰队主力——由小泽治三郎指挥的第一机动舰队去迎战美军第5舰队。

　　同时，日军也在马里亚纳部署数百架战机，由第一航空舰队司令角田觉治中将指挥，但在盟军第5舰队到来后便失去大半实力。接下来的海战之中更是不堪一击，只能任由盟军歼灭。

　　当日军察觉美军夺占马里亚纳的企图，原本为抵挡麦克阿瑟战线而发动的"浑"作战被迫中止，作战列舰艇往北支援小泽，转而发动日本大本营苦心策划的"阿"号作战——以岸基飞机与航空母舰机动舰队挑起海上大决战，期望一口气打败盟军主力舰队来扭转劣势。

实力 PK

美国舰队

　　第5舰队：旗舰"印第安纳波利"号重巡洋舰、下辖第51特遣舰队（TF-51）、第58特遣舰队（TF-58）

　　第58特遣舰队：旗舰"列克星敦"号航空母舰

　　第1支队：大型航空母舰"大黄蜂"号、"约克城"号，轻型航舰"贝露森林"号、"巴丹"号，3艘重巡洋舰、1艘轻巡洋舰、14艘驱逐舰。

　　第2支队：大型航空母舰"碉堡山"号、"胡蜂"号，轻型航空母舰

"蒙特利"号、"卡波特"号，3 艘轻巡洋舰、12 艘驱逐舰。

第 3 支队：大型航空母舰"企业"号、"列克星敦"号，轻型航空母舰"普林斯顿"号、"圣贾辛托"号，4 艘轻巡洋舰、13 艘驱逐舰。

第 4 支队：大型航空母舰"爱赛克斯"号，轻型航空母舰"兰格雷"号、"考本斯"号，4 艘轻巡洋舰、14 艘驱逐舰。

第 7 支队：战斗舰"华盛顿"号、"北卡罗来纳"号、"爱荷华"号、"新泽西"号、"南达科他"号、"阿拉巴马"号、"印第安纳"号，4 艘重巡洋舰、14 艘驱逐舰。

第 58 特遣舰队配置 F-6F-3"地狱猫"战机 427 架，SBD-3/5"无畏式"俯冲轰炸机 59 架，SB-2C-1C"地狱"俯冲者式俯冲轰炸机 174 架，TBF/TBM-1C 鱼雷机 189 架，24 架 F-6F-3N 夜间战斗机 24 架，3 架 F-4U"海盗"式战斗机 3 架，共 894 架。

第 51 特遣舰队：旗舰落基山号指挥舰

▼ B-29 轰炸机

日本舰队

第一机动舰队：中大型航空母舰 5 艘、小型航空母舰 4 艘零式战机 225 架、彗星轰炸机 99 架、九九式轰炸机 27 架、天山式轰炸机 108 架、九七式舰载攻击机、二式舰载侦察机等，共 498 架。

第一航空战队：大凤航空母舰、翔鹤航空母舰、瑞鹤航空母舰。

第五战队：妙高重巡洋舰、羽黑重巡洋舰。

第十战队：能代轻巡洋舰、驱逐舰 8 艘。

第二航空战队：隼鹰航空母舰、飞鹰航空母舰，龙凤小型航空母舰，长门战列舰、驱逐舰 7 艘。

第一次世界大战队：大和战列舰、武藏战列舰。

第三战队：金刚战列舰、榛名战列舰。

第三航空战队：瑞凤小型航空母舰、千岁小型航空母舰、千代田小型航空母舰。

第四战队：爱宕重巡洋舰、高雄重巡洋舰、鸟海重巡洋舰、摩耶重巡洋舰。

第七战队：熊野重巡洋舰、铃谷重巡洋舰、利根重巡洋舰、筑摩重巡洋舰。

第二水雷战队：矢矧轻巡洋舰、驱逐舰 7 艘。

▶ 爱宕重巡洋舰

精彩回放

马里亚纳硝烟弥漫

斯普鲁恩斯的第 5 舰队与特纳的联合远征军部队在进入该海域时即有效压制日军的航空兵力，1944 年 6 月 13 日斯普鲁恩斯虽然自潜艇部队获得日本舰队出动的情报，由于斯普鲁恩斯推断在 17 日前都不会与日本舰队接触，因此斯普鲁恩斯仍在 14 日指挥第 5 舰队主力第 58 特遣舰队其中的第 1 与第 4 支队前去攻击硫磺岛与小笠原群岛的父岛，把北面的敌军战机清除殆尽。

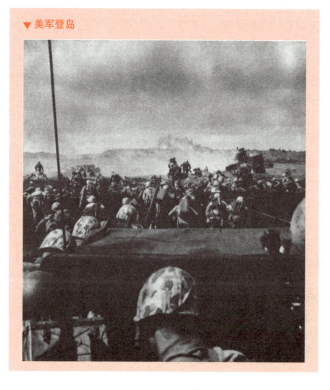

▼ 美军登岛

15 日美军在联合远征军部队司令特纳指挥下顺利登陆塞班岛，原本认为日军无力增援的斯普鲁恩斯发出 18 日登陆关岛的命令，不料同日 18 时 35 分，美国潜舰飞鱼号在圣贝纳迪诺海峡发现一支日本舰队；19 时 45 分，另一艘美国潜舰海马号在菲律宾苏里高海峡北部岷答那娥附近也发现另一支日本舰队；17 日夜里，又一艘美国潜舰传来接触报告。

依此大量的接触情报来看，斯普鲁恩斯确认日军支援马里亚纳的企图，由于双方舰队 18 日时即可能接触，于是，斯普鲁恩斯推迟登陆关岛的时程，17 日召回刚毁灭硫磺岛及父岛航空兵力的第 1 与第 4 支队，并从特纳的联合远征军舰队抽出 8 艘巡洋舰、21 艘驱逐舰来强化第 58 特遣舰队的军力，联合远征军的登陆舰队则先开往东方海域避风头，第 58 特遣舰队则准备与日舰队接战。潜艇的大量接触情报使斯普鲁恩斯以为日本至少动用两支舰队，一支先诱开第 58 特遣舰队，另一支趁机攻击塞班岛的美军登陆部队。于是斯普鲁恩斯下令确切掌握日本舰队位置之前，第 58 特遣舰队不得远离塞班岛。一般认为此决定过于保守，使得该海战美军无法给予日军更大的打击。

18 日中午，第 58 特遣舰队集结完毕，斯普鲁恩斯移交战役指挥权给第 58 特遣舰队指挥官马克·米切尔中将，随后其全部五个特遣群共十五艘航空母舰摆开阵势，其中以七艘战斗舰为主的第 7 支队摆在日本舰队与四个航舰特遣群之间，以防日本水面舰队接近美国航空母舰，除掩护第 7 支队的第 4 支队航空母舰外，其余第 1、2、3 支队皆部署在战列舰舰队后方展开，挡在塞班岛西侧，随时迎接日军的攻击。

15 日晚上 6 时被美国潜舰飞鱼号于圣贝纳迪诺海峡发现的就是日本舰队主力——当时排名世界第二强的第一机动舰队（由小泽指挥），而 15 日晚上 7 时在岷答那娥被美国潜舰海马号发现的另一支日本舰队就是先前参与"浑"作战计划的第一机动舰队另一部分兵力，他们在接获"阿"作战计划命令后立刻终止"浑"作战，赶赴北方与小泽会合。第一机动舰队（以下称小泽舰队）其中共有九艘航空母舰，搭载四百余架飞机，舰队还有五艘战列舰（包括两艘世界最大的大和级战列舰），分为由小泽亲自率领的甲队、城岛高次海军少将的乙队，以及在往后莱特湾海战中因带领主力舰队进行"充满谜团的反转"而成名的栗田健男中将所率领的前卫舰队。虽然与当时世界海军三强之一的英国皇家海军任何一支舰队相比都毫不逊色，但面对当时世

◀美国士兵

界最强大的美国海军第 5 舰队却显得黯然无光。

　　小泽并未如同斯普鲁恩斯所设想采取分兵合击策略，而是打算利用日本在关岛、罗塔岛等地设有航空基地的地利之便，将舰队部署在美国舰载机打击半径以外，同时，日本舰载机起飞攻击美舰队，在穿越美军舰队后，飞行至罗塔岛与关岛等地降落加油挂弹准备下一波攻击，如此就能大大延长日本舰载机的打击范围，而美国舰队则无法攻击日本舰队。同时，小泽也寄望角田的岸基飞机助他一臂之力，抵销美国舰载机的数量优势，可是马里亚纳群岛的日本守军指挥齐藤义次隐瞒美国舰载机已重创角田航空队的事实，而未告知小泽真实情形，使其无法掌握其与美方的实力对比。

　　随着小泽舰队进入菲律宾海，双方舰队发觉彼此的存在后，这场史上最大的航空母舰战役与舰载机空战，即将拉开序幕。

马里亚纳猎火鸡大赛

　　从中途岛的经验看来，对已知或未知的敌人舰队展开搜索与监视，从而得知敌舰队位置、动向是必要的，因此小泽舰队 18 日即派出 42 架侦察机出动搜索并加上马里亚纳方面的情报，在与第 5 舰队保持距离的同时仍获得充分的情报。

同日夜间，第 58 特遣舰队指挥官米切尔力主连夜西进，发现日本舰队后就全力将其消灭，并同时与第 58 特遣舰队第 7 支队司令威利斯·李（时任海军中将）讨论连夜进击与日本展开夜战的可能，但斯普鲁恩斯仍一如以往谨慎，不以歼灭日本舰队而以掩护塞班为重，下令第 58 特遣舰队白天西进，晚上便东撤，不得离开能支援塞班的距离，采取保守防御的态度，而非像其在中途岛时冒险发出关键一击，使美国飞行员大失所望。

19 日凌晨 4 时 20 分，小泽再度派出 43 架侦察机，清楚掌握美国舰队动向。此时斯普鲁恩斯仍不清楚小泽舰队位置，小泽则不但知道美军在哪里，也晓得美军已经进入日机攻击半径，但本身则还未进入美机打击范围。既然斯普鲁恩斯未能掌握小泽舰队位置，就先命令米切尔消灭在马里亚纳已知的敌机力量，与小泽决战之前先解决这方面的敌人。该日早晨第 5 舰队已击垮了马里亚纳的日本航空兵力，并开启当日 11 小时激烈空战的序幕，同时对关岛与罗塔岛的日军飞机压制，之后小泽舰队的飞机即使成功穿越美军舰队前往马里亚纳，也会在降落时被美机重创。不过即使美军要先对付马里亚纳方

▶ 美军"无畏"式俯冲轰炸机

面，但航空母舰飞行甲板仍保留足够飞机随时应付小泽的进攻。

从19日上午正当第5舰队不断搜寻小泽舰队行踪之际，小泽已于8时30分派出栗田前卫舰队的飞机共69架发动第一波攻击，8时56分从主力的甲队派出最大的一波攻势共128架作为第二波，10时整，自乙队派出47架飞机作第三波，11时整，又从甲乙两队发出82架飞机作为当日上午最后一波，四波共326架，企图以大量的战机一举击破米切尔的空防。

19日9时50分，第一波日机被美军战列舰雷达发现，米切尔于10分钟内出动240架飞机（此快速动员舰载机纪录至今未破），双方原本在遭遇时，美军飞机应还无法爬升至日机高度，也就是说，这些美军飞机得眼睁睁看着日机从其上方呼啸而过却无法拦截，但日机却浪费宝贵的10分钟对机群重新调整，使美军有时间迅速爬升至与日机相同的高度，并以监听日机指挥官指令改变拦截战术，接下来，以F6F地狱猫战斗机和F4U海盗式战斗机为主的美机对已显得落后的日本飞机进行拦截，日机主力零式太平洋战争初期所向披靡，但此时也已非美国地狱猫战斗机和海盗式战斗机的对手，飞机数量、质量及自中途岛战役后逐渐拉大的双方飞行员素质，使日机完全无法应付美机的攻击，连接近美军航空母舰都没有可能，只能拼死对前方的美军战列舰群进攻。

但美军使用新型防空炮弹——短发VT引信炮弹，此种炮弹可以侦测飞机是否进入其爆炸杀伤范围，一旦进入其爆炸杀伤范围即会引爆，效率为传统防空炮弹数倍，太平洋战争后期有一半高炮击落的飞机是因为使用VT引信炮弹的缘故，在隔年日本发动"神风"自杀攻击时发挥关键作用，使得日机攻击美舰的难度加大。在美国战机与美舰强大防空火炮之拦截下，日本第一波攻击机群损失42架，仅3、4架飞到第7支队上空并命中南达科他号战列舰一枚炸弹，没有一架飞到美国航舰上空。

11时39分，规模最大的日机第二攻击波再度被美国战机拦截，美国F6F与F4U战机围着技术欠佳、性能落伍的日机穷追猛打，演变成空中大屠杀，至少70架日机在这波拦截中被击落，同时，美军以当时其中一名飞行员的兴奋之语："这多像古代猎杀火鸡的战场啊！"将当日的空战命名为马里亚纳猎火鸡大赛。20架日机突破重围，14架接着又被第7支队的防空炮火击落，一架天山鱼雷机撞在战斗舰印第安纳号水线附近，但鱼雷未爆炸；另有6架彗星俯冲轰炸机在正午时对第2支队展开攻击，一枚炸弹在胡蜂号上空爆炸，两枚炸弹在碉堡山号近处海中爆炸，两舰受损轻微。第3支队遭受几架鱼雷机攻击，企业号躲掉一枚鱼雷，其他飞机则被美国防空炮火打退。总计第二波日机128架共折损97架，另外侥幸逃生的31架则返回小泽舰队，而美军却几乎未受损失。

双狼逞凶

虽然第58特遣舰队的舰载机取得对日本舰载机的压倒性胜利，可是始终未能发现小泽舰队并给予打击，当第58特遣舰队不断承受小泽舰队攻击而未能反击之际，美军的潜艇部队挺身而出，扮演身为水下杀手的关键角色。正当19日8时美日舰载机还未遭遇前，潜舰大青花鱼号（USS Albacore SS-218）潜航时发现了小泽舰队的甲队，盯上日军阵中最大的航空母舰大凤号。上午9时大青花鱼号正要对大凤号发射鱼雷时，却被日军水面舰艇发现而被攻击，又加上潜艇瞄准镜故障，其只能盲目送出6枚鱼雷同时下潜逃离。一名日军飞行员不顾性命用自己与飞机挡下其中一枚鱼雷，有一枚仍幸运的击中大凤号，由于该舰装甲雄厚，特别注重防御能力，因此一时并未造成很大的影响，但毕竟这艘航空母舰是针对太平洋战争初期美军颇强的俯冲轰炸攻击而进行防护设计，水线下的舰身对鱼雷防护不足，这个隐忧会在之后显现出来。

中午时分，美军有名的棘鳍号潜舰，同样闯入了小泽舰队的甲队舰群中，当时翔鹤号航空母舰因为正进行收回飞机的作业，无法机动规避鱼雷攻击，棘鳍号发射的6枚鱼雷至少有3枚命中翔鹤号，使翔鹤号立时失去战力，并在当日14时32分沉没。

而先前遭鱼雷命中的另一艘航空母舰大凤，也在下午三时出现异变，该

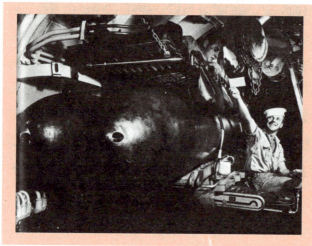

◀ 美军鱼雷兵与鱼雷睡在一起

枚鱼雷当时击损大凤号的油管，使油气自管内外泄，弥漫了整个航空母舰的舰体，下午三时因为油气浓度过高，加上舰内人员不慎引起火花，使舰内燃起大火，同时引爆了弹药库，使大凤号腹部接二连三发生大爆炸，使小泽不得不放弃自己的旗舰大凤号，移乘重巡洋舰羽黑离开，但其通信设施远不足以担任旗舰的重要位置。同时由于移乘造成的混乱，小泽并未得知其飞行员悲惨的下场，还因为日军飞行员那自欺欺人的谎报，以为美国舰队受到严重打击。同日 18 时 28 分，大凤号也随翔鹤号长眠菲律宾海。

正当小泽损失自己的两艘大型航空母舰时，日本舰载机还正飞向马里亚纳去攻击美军，日方第三波机群 47 架并未顺利找到目标，在返航途中于 12 时 55 分与第 7 支队接触，还有一些曾飞到第 4 支队上空，但都没有任何战果，共 7 架日机被击落，是当天日机攻势中损失最少、战果也最小的一波。第四波攻击机群于 14 时飞抵预定海面，也没发现美舰，便分成三路。第一路 12 架飞往罗塔岛途中发现第 2 支队，其中 6 架被 F-6F 击落，剩余 6 架投下至近弹击中胡蜂号与"邦克山"号，造成再度对其轻微损伤。另 18 架来自瑞鹤的机群也被美机攻击，损失 9 架。49 架日机抛弃炸弹飞往关岛，被第 58 特遣舰队发现，便派出 27 架 F-6F 加以拦截。美机在日本降落时发动突击，30 架日机被击落，其余 19 架落地后也遭到严重破坏而报销。总计第四波 82 架最后仅 9 架能升空再战。

美军追击

19 日当天战斗结束时，战役结果已大致分晓。小泽舰队被美国潜舰击沉两艘精锐大型航空母舰，派出的 326 架舰载机中仅 130 架返回日本航空母舰，加上角田在关岛折损的 50 架及随大凤、翔鹤沉没的飞机，日本总损失 315 架。美方取得史上最大舰载机空战的压倒性胜利，空战中仅仅损失 23 架，6 架飞机在操作意外中损毁，此外仅有两艘航舰、两艘战斗舰受到轻微损伤。

原本美军第 58 特遣舰队 19 日白天不断派出侦察机，欲寻找日本舰队并歼灭之，但在小泽舰队的战术使用下而未成功探查到日舰的踪影。同日 15 时，鉴于日本 "分兵合击" 的顾虑逐渐消除，斯普鲁恩斯终于准许米切尔第二天朝日本舰队前进。鉴于飞行员已在白天的空战中消耗不少体力，米切尔并未在夜间派出侦察机，20 日上午一面西进一面派机侦察，仍一无所获。因为 19 日夜间小泽舰队转往西北，暂时避开跟第 58 特遣舰队的接触并进行加油，小泽意图第二日再度派出其剩余百余架的舰载机，同时联合已飞往马里亚纳加油添弹的舰载机一同袭击美舰（但大部分飞往马里亚纳的舰载机已被击落）。

20 日上午，小泽再移乘其所在的甲队唯一剩余的航空母舰瑞鹤，此时由于通信改善，下午 1 时小泽终于得知前一天空战的结果，由于大量舰载机损失，小泽仅剩百余架飞机可以出击，即使如此小泽仍打算协同陆基航空队对美军再进行一次打击，小泽正决断之时，前卫舰队司令栗田自旗舰爱宕号重巡洋舰向小泽通报：美第 58 特遣舰队向己方逼近，距离已不到 300 海里。

20 日 15 时 40 分，企业号的一架侦察机发现小泽舰队，自海战展开 30 个小时以来，第 5 舰队终于首度发现一直躲藏在侦察距离外的敌舰队。可时机却极为尴尬，因为双方舰队距离 275 海里，第 58 特遣舰队若发动进攻则将使其舰载机面临危险的夜间降落。米切尔虽然左右为难，但为免坐失战机，依旧发下唯一有可能的出击指令。

◀日本瑞鹤号航空母舰

　　16时21分第58特遣舰队第1、2、3支队（除掩护第7支队战斗舰的第4支队外）派出216架飞机进攻，启动这场海战中第5舰队唯一一次的攻势。16:15分日军方面也发现美舰队，17点25分甲队唯一的航空母舰瑞鹤出动7架鱼雷机去攻击，前卫部队的栗田中将也因为收到夜战命令而向东进。但美军飞机已先赶到日舰上空，开始攻击日舰。

　　被美机发现后，小泽下令舰队向西北各自高速逃脱，并抛弃补给舰队。18时40分，美机抵达补给舰队上空，重创两艘油轮，两舰后来都被迫自沉。随后一心想寻找日本航空母舰的美机群飞到日本舰队上空，日落前展开匆忙的攻击。中型航空母舰飞鹰号被一枚鱼雷击中，引发大火，2小时后沉没，而空母隼鹰、龙凤、千代田、瑞鹤、战舰伊势、重巡摩耶都被炸弹击伤，其中小泽的旗舰瑞鹤伤势较重。日本在这波攻击中又损失65架飞机，美国则损失20架。由于小泽下令各舰自行运动及美国舰载机攻击过于匆忙，因此这波攻击成果并不特别出色。

20时45分，大批燃料即将耗尽的美机在夜色中回到舰队上空。虽然米切尔下令整个舰队不惜冒着被日军潜艇攻击的危险打开照明，航空母舰以探照灯直射天空，驱逐舰也发射照明弹。但由于各机油料殆尽，加上200架飞机同时联络舰队所造成的通讯混乱，许多飞行员无视于降落信号灯官的指令争先恐后地扑向甲板，导致许多混乱与意外。在此回夜间降落中，美机损失80架。讽刺的是，联合舰队的全力攻击只使敌手损失40架飞机，竟不及夜间降落对美军造成的损失。

由于驱逐舰彻夜搜索因为油料用尽而坠海的飞行员，因此仅49名飞行员在夜间降落中丧命（仍比日本舰载机攻击与空战的阵亡的27人多）。搜救行动造成的混乱使第58特遣舰队几乎停止反潜作业，幸亏舰队未受日军潜艇攻击，却又再耽搁宝贵的2小时。19时40分左右，联合舰队长官丰田副武大将向小泽发布脱离与美军接触的命令，小泽便中止"阿"号作战撤退了。第58特遣舰队追击无法成功，海战因此结束。

沙场点将

马克·米切尔

马克·安德鲁·米切尔（1887～1947年）海军上将，在第二次世界大战期间担任太平洋战区美军快速航空母舰部队指挥官。

米切尔于1887年1月26日生于威斯康辛州的希尔斯伯勒。1906年，米切尔进入安纳波利斯的美国海军学院就读。1919年初，他至海军作战部长办公室的航空部门短暂服役后，后调到水上飞机第第一次世界大战队服役，被授

▶ 马克·米切尔

予海军十字勋章。1944年2月，米切尔被调回中太平洋，指挥第3航空母舰支队，并参与马绍尔群岛战役（代号燧发枪行动）与对特鲁克岛的空袭（代号冰雹行动）。由于表现杰出，米切尔于3月21日晋升中将，并指挥中太平洋部队的快速航舰部队。1944年4月第5舰队成立后，快速航舰部队组成第58特混编队，米切尔也同时成为该部队的指挥官。

米切尔于1946年3月1日接掌第八舰队，并晋升为上将。9月，升任美国大西洋舰队司令。但在1947年1月26日，也就是他60岁生日当天，因心脏病突发，被送进诺福克海军医院。米切尔于8日后，也就是2月3日病逝于该医院。上将去世后葬于阿灵顿国家公墓，妻子法兰西斯·米切尔于1982年去世后，也与上将合葬。

小泽治三郎

小泽治三郎（1886～1966年），日本海军中将，鱼雷战专家，提倡航空作战；联合舰队的最后一任司令。小泽治三郎中将以冷静沉着著称，和南云忠一中将一样是鱼雷战的专家。参加过马里亚纳海战、莱特湾海战。

小泽治三郎于1886年10月2日出生于九州宫崎县儿汤郡高锅町，父亲为原高锅藩士小泽寅太郎。在就读宫崎中学（现宫崎大宫高校）时因暴力事件，而受到退学处分。正当失意之时，小泽之兄，陆军军人小泽宇一郎，请其上司牛岛贞雄大尉，从日俄战争的中国东北战场上寄一封劝诫"过则勿惮改"的信给小泽。受此感召，小泽于是前往东京，转入成城学校。小泽终身都仔细保管这封信，并成为其座右铭。

第二次世界大战结束后，小泽就在东京市的世田谷区自宅隐居，不愿回顾战时的记录并拒绝了半藤一利对他的参访取材，因为他认为在他的指挥下，有太多的部下战死，对此感到相当后悔与愧疚。1966年因多发性硬化症过世，享年80，葬礼时昭和天皇赐予7000日元之丧葬费，葬于神奈川县镰仓市的镰仓墓园。

相关链接

"邦克山"号航空母舰

"邦克山"号航空母舰是一艘隶属于美国海军的航空母舰，为埃塞克斯级航空母舰的九号舰。它是美军第一艘以邦克山为名的军舰，纪念美国独立战争中血腥的邦克山战役，舰上水兵昵称之为假日特快。

"邦克山"号于1941年开始建造；数月后日本偷袭珍珠港，美国正式参与第二次世界大战，并加快建造"邦克山"号等航空母舰。1943年"邦克山"号开始参与太平洋战争，最终在冲绳战役期间被神风自杀飞机重创，而要撤出战场。战后"邦克山"号退役停放，虽先后重编为攻击航母、反潜航母及飞机运输舰，但未再出海执勤，而是留在圣迭戈作电子测试平台。1966年"邦克山"号除籍，于1973年出售拆解。

▲"邦克山"号航空母舰

217

圣哈辛托号航空母舰

圣哈辛托号轻型航空母舰是美国海军一艘活跃于二次大战期间的航空母舰，也是美国海军史上第二艘以圣哈辛托为名的战斗用船只。

圣哈辛托号是独立级航空母舰的九号舰，此级船舰是以克里夫兰级轻型巡洋舰为基础经过改装或设计变更而成，因此拥有瘦长的舰体外型，与一般标准的航空母舰不大相同。其中圣哈辛托号初始时是以轻巡洋舰纽华克号的身份进行规划，并且在1942年6月2日、于尚未开工建造的状态下变更用途与名称为复仇号航空母舰，并在同年10月26日、在位于新泽西州坎登的纽约造船厂起造。1943年1月30日，有鉴于该舰是由德州人民捐款协助建造的，因此改选择一个对德州较有纪念意义的名称，而根据圣哈辛托之役命名为圣哈辛托号，并在同时修改船只等级，编号重新改为代表轻型航空母舰的CVL-30。

圣哈辛托号参与过太平洋地区多场著名的战役，包括1944年6月的菲律宾海战。在曾经于该舰上服役的飞行员中，最出名者莫过于多年后当上美国总统的乔治·H·W·布什，当时圣哈辛托号正在执行自1944年7月中开始、针对小笠原群岛附近海域的战斗巡逻与反潜巡逻任务，作为美军进攻帕劳前对日军的压

▲ 圣哈辛托号航空母舰

制作战，是麦克阿瑟与尼米兹著名的"跳岛战术"之一部分。9月2日，才刚满20岁不久的布什驾驶着一架复仇者式鱼雷轰炸机在父岛附近遭日方击落而被迫跳伞，机上三名成员中，只有布什一人生还，并顺利获救并且获得勋章。

圣哈辛托号在大战结束后的1947年3月1日除役，改编入美国海军太平洋储备舰队，驻于加州圣地亚哥。1959年5月15日时改舰等为辅助飞机运输船，舰体编号AVT-5。直到1970年6月1日该舰才正式自美国海军船只名册中除名，并于1971年12月15日于加州长堤的总站岛解体拆除。

地理频道

马绍尔群岛

1788年，英国船长约翰·马绍尔发现了这个群岛，从此这一群岛被命名为马绍尔群岛。马绍尔群岛曾先后被西班牙、德国、美国占领。第二次世界大战后，于1947年作为联合国战略托管地交由美国管理，1951年由美国海军管辖改为民政管理。1979年5月1日，马绍尔群岛宪法正式生效，成立立宪政府。1983年6月马与美国签署了《自由联系条约》，1986年该条约正式生效后，马成为共和国，获得内政外交自主权。1990年12月22日，联合国正式结束美国对马绍尔群岛的托管。1991年9月，马绍尔群岛加入联合国。

马里亚纳群岛

马里亚纳群岛在东亚大陆东面的西太平洋，自北向南、由小到大地散落着一串明珠，这就是美属马里亚纳群岛（联邦），英文简称CNMI，它几乎与中国、日本和韩国是等距离的。马里亚纳群岛由14个岛屿组成，主要由珊瑚礁和火山爆发物堆积而成，有人居住的只有塞班岛（首府所在地）、天宁岛和罗塔岛，约有8万人口，其中包括2万左右的华人。马里亚纳群岛与所有的大洋岛屿一样，拥有美丽的阳光、海水、沙滩和热带风光。

战役结果及影响

美国第 5 舰队第 58 特遣舰队在这场海战中重创日本海军主力第一机动舰队，一举夺得西太平洋的制海权同时巩固在塞班建立起的阵地，美军仅付出 76 人阵亡、损失 123 架飞机、四艘军舰轻伤的极小代价，给予敌人三艘航空母舰、两艘油轮及 600 架飞机的巨大伤害。虽然无法再给予敌人更大的伤害，仍是一场决定性的大海战，使日本航空母舰部队无力再与美军抗衡，只能在 4 个月后莱特湾海战中成为诱饵，悲惨的被全数歼灭。以后马里亚纳完全被美军控制，如同两周前盟军诺曼底登陆突破纳粹德国的大西洋壁垒一般，日本"绝对国防圈"遭突破，美国陆军航空兵的大型远程战略轰炸机 B-29 得以进驻，得以投下大量烧夷弹进行战略轰炸。

太阳旗坠落莱特湾

　　莱特湾海战，涉及 130 万平方千米的海域，是第二次世界大战史上最为壮观，美日双方投入海上作战规模最大的一次。是美英盟军必攻，日军必守的要点。盟军意想夺取莱特湾做跳板，由南至北，直接攻击日本本土。莱特湾一旦失守，日本在东南亚的战争资源区丢失，通往海外的路线被切断，日本等于坐以待毙。为了阻挡盟军，日本筹划了"捷号"作战方案，分"捷 1 号""捷 2 号""捷 3 号""捷 4 号"四个作战计划，分别保卫菲律宾、中国台湾地区、琉球群岛、日本本土。日本绞尽脑汁，招招出奇，拿航母做诱饵，出动神风特攻队，最终也没有逃脱水上兵力彻底覆没的命运。

❧小档案❧

作战时间：1944.10.20 ～ 10.26

海战地点：菲律宾莱特岛附近

交战双方：美国　日本

主要指挥官：威廉·哈尔西（美）、托马斯·金凯德（美）、小泽治三郎（日）、栗田健男（日）

战斗结果：美国损失 1 艘轻型航空母舰普林斯顿号，2 艘护卫航空母舰，3 艘驱逐舰被击，3000 人阵亡；日本损失 4 航空母舰，3 艘战列舰，8 艘巡洋舰，12 艘驱逐舰被击沉，10 000 人阵亡。

导火索

　　1944 年秋季将临，太平洋战争的形势已经发生了根本的变化。日军在发起的一连串攻势面前节节败退，先后丧失了中太平洋最重要的战略据点吉尔伯特、马绍尔、加罗林等群岛，新不列颠、新几内亚也相继失守，至此日军的外防御圈已不复存在，内防御圈也因马里亚纳群岛的失守而被撕开了一个大口子。随着军事形势的逆转，日本统治集团内部矛盾加剧。7 月 18 日，东条政府终于倒台。这一事件本身也就预示着日本军阀们的处境已是江河日下，但他们并不甘心失败，还拥有一支庞大的陆军和只有相当实力的海军，因此并不打算停止战争，而是不顾一切地把战争继续下去。

　　这时，美军在太平洋区域的两条战线已在菲律宾境外汇合，收复菲律宾只是时间的问题了。长期战争使日本经济日趋恶化，特别是石油储备几近枯竭。为了获取石油和其他战略物资，日本不得不加紧对东南亚的掠夺，掠夺来的物资都必须通过菲律宾这个交通枢纽运往日本国内，因此菲律宾一旦失守，日本的补给线就会被切断，日本的战争机器就会受到致命的打击。鉴于这一情况，日本人精心策划了防守菲律宾群岛的作战计划，并定名为"捷－1"计划。这一计划的主要内容是：一旦弄清美军登陆地点，就立即动

▲ 美军轰炸机

用海军主力，组成北方、中央和南方3支作战部队，对美军实施反击。北方分遣舰队将主要由航空母舰组成，其任务是诱使美国海军舰队主力北上，然后中央和南方分遣舰队即乘虚而入，从苏里高海峡和圣怕纳迪诺海峡分进合击于美军登陆地点，一举消灭美军登陆部队及共掩护舰船。参战兵力将由9艘战列舰、4艘航空母舰、19艘巡洋舰和33艘驱逐舰组成。为了同海军协助作战，还将调用陆军和海空军的600余架飞机参战。与太平洋战争中以往几次海战不同的是，日本人的这一作战计划美军事前一无所知。

　　关于收复菲律宾的作战计划，美军早在1944年8月发动加罗林群岛战役之前就已开始考虑了，但因海军首脑一度主张绕过菲律宾，直接进攻中国台湾地区或硫黄列岛而有点举棋不定。直到罗斯福总统亲自召见尼米兹和麦克阿瑟才最后确定尽快发动菲律宾战役。战役原来预计分两个阶段进行。第一阶段，美军将攻占菲律宾外围的哈马赫拉岛，摩罗泰岛、帕硫群岛、雅浦岛、塔劳群岛，然后占领棉兰老岛，并在岛上修筑海空军前进基地，在此之后，再实施战役第二阶段的作战计划，对菲律宾群岛发动总攻。但是，由于哈尔西在攻打加罗林群岛时，派飞机袭击了菲律宾沿海，发现日军防务十分

空虚，因此，美军决定取消第一阶段尚未实施的部分，把直接进攻菲律宾的时间提前了两个月，这一来恰好打乱了日本人的战役准备计划。

10月20日，美军在菲律宾中部的莱特岛登陆。为了支援、掩护登陆部队，美军把中太平洋战区的第3舰队和西南太平洋战区的第7舰队全部集中到了菲律宾东部海域，总兵力达12艘航空母舰，18艘护航航空母舰，12艘战列舰，20艘巡洋舰和104艘驱逐舰，光舰载飞机就有1280余架。美军自恃兵力雄厚，因此根本没有考虑要对参战兵力实施集中统一的指挥，也没有建立统一的指挥部。第3、第7舰队仍分别归属中太平洋战区和西南太平洋战区统辖，这一失误险些葬送了这次战役。

就在美军于莱特岛登陆的前两天，日本人碰巧截获了美军一份电报，而这时电报正好为他们提供了有关的重要情报。于是，联合舰队司令官丰田下令实施"捷-1"作战计划，从而酿成了第二次世界大战中，也是迄今为止规模最大的一次海战。

实力 PK

美 国

9 艘重型航空母舰   8 艘轻型航空母舰

18 艘护卫航空母舰   12 艘战列舰

24 艘巡洋舰   141 艘驱逐舰

许多其他舰只、鱼雷艇、潜艇和约 1500 架飞机

日 本

1 艘重型航空母舰   3 艘轻航空母舰

9 艘战列舰   19 艘巡洋舰

34 艘驱逐舰   约 200 架飞机

精彩回放

发现日本舰队

10 月 22 日，日军中央分遣舰队在海军中将栗田的指挥下，乘着夜幕，悄悄地驶进巴拉望岛。夜色中，栗田分遣舰队的几艘巡洋舰曾被在这一带巡逻的美军潜艇发现，但栗田侥幸摆脱了美军潜艇的监视，并于 23 日溜进了锡布延海。过了锡布延海，就是圣贝纳迪诺海峡，穿过海峡，英特湾就尽收眼底了。正当栗田暗自庆幸的时候，美军"射水鱼"号和"鲦鱼"号潜艇在日军分遣舰队附近升起了潜望镜，观察到了这支日本舰队的阵容，至此日军中央分遣舰队全部暴露。"射水鱼"号一面发出告急警报，一面与"鲦鱼"号密切配合，对日本人的兵力和作战意图进行了进一步的侦察，然后就在夜幕的掩护下，按照日舰的航行方向，向北急驶，把日本舰队抛在后面。天亮时，两艘潜艇竞相潜入潜望镜深度，并提前占领了攻击阵位。当栗田舰队进入鱼雷攻击扇面时，"射水鱼"号首先攻击，它用艇首发射管对准日军左列第 1 艘军舰连放了数枚鱼雷。这艘日舰刚好就是栗田的旗舰"爱宕"号重巡洋舰。有 4 枚鱼雷在它的腹部爆炸。不久，该舰便沉入了海底。接着"射水鱼"号又来了个左满舵，用艇尾发射管继续猛攻日舰，使日军"高雄"号巡洋舰受到重创，险些步"爱宕"号的后尘。这时"鲦鱼"号也把日本巡洋舰"摩耶"号送入了海底。这一突然袭击，一度使日本舰队陷入混乱。直到日本驱逐舰迫使这两艘潜艇潜入深水，日本人才缓过劲儿来。栗田在"爱宕"号沉没前被救出，转到超级战列舰"大和"号上。但他的司令部人员死伤不少，给栗田以后的作战指挥造成了无法估量的损失。未曾见到莱特湾就遭此大难，使栗田不免感到前途不妙。

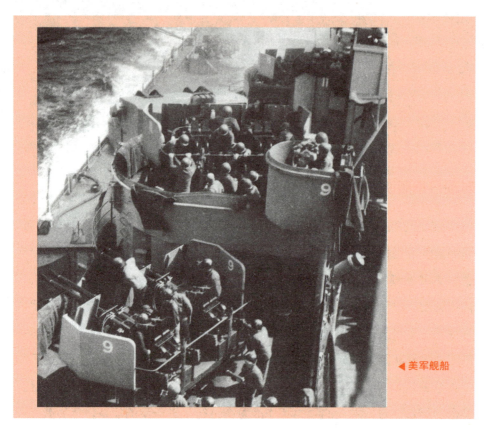

◀ 美军舰船

　　就在两艘美国潜艇大打出手，搅得栗田狼狈不堪的时候，日军南路分遣舰队在西村将军的率领下，悄悄地潜入了婆罗洲和巴拉望岛间的苏禄海。他们也被美军侦察机发现。不过，他们虽然受到美军"企业"号航空母舰的攻击，但并没有遭受重大损失。因此，西村率领舰队继续向苏里高海峡急速前进，企图迅速通过该海峡，冲向莱特湾。

　　此后不久，美军又接到另一架侦察机的报告，说发现7艘日舰从中国台湾地区驶来，正按东南航向通过苏禄海。尽管军舰数量与西讨所率兵力相同，但实际上，这是南路兵力中的另一编队，由台湾海区的志摩将军指挥。美军没有察觉到他们之间的区别，误认为是同一支舰队。

　　志摩将军久台湾出发时，接到的命令是让他与西村编队协同行动，但他并没有主动与西村建立联系，这两位日本指挥官谁也不想使自己的行动和对方协调起来。因此，他们只好孤军作战，最后被美军各个击破。

至此，美军基本上探明了敌军的动向和实力。但美军参战的海军兵力也没有统一的作战指挥，从以后发生的事情来看，如果美军的情况不比日军坏，至少也和日军差不多。

　　战役开始时，两个美军舰队司令哈尔西和金凯德，虽然几乎同时获得了日本海军已经发起进攻的情报，但他们谁也没有主动与对方进行协商，就各自按照自己的判断下达了战斗命令。哈尔西一开始就把注意力完全集中在日军中央分遣舰队上，因此，既忽略了从南方接近苏里高海峡的敌舰，又未能及时发现由小泽率领从日本南下的北方分遣舰队。尽管小泽一听到栗田受到潜艇攻击的消息就一再发出明码信号，以使美军注意他的航空母舰正从北面靠近莱特湾，但哈尔西没有收到他的信号，也没有派出侦察机去监视北部海域，因为美军所有侦察机部被派到西面去监视栗田了。而第7舰队司令金凯德则以为他要对付的只是西村的7只敌舰，根本没有想到敌人南方兵力是由两支不同的作战编队所组成。正因为这些，使这场海战出现了一些戏剧性的复杂场面。要不是美军兵力占有很大优势，而且栗田临阵又表现得异常无能，这场海战的胜负本来是很难预料的。

大战爆发

　　10月24日晨，哈尔西的侦察机在锡布延海至圣贝纳边诺海峡的航道上，发现了栗田的分遣舰队，当飞行员清晰地看到日本舰队中威力强大的新式超级战列舰"大和"号和"武藏"号时，立即以抑制不住的激动心情，将这一消息报告了哈尔西。而哈尔西却对未发现日本航空母舰这一点大感困惑。日本人在没有航空母舰支援的情况下，派出"大和"号进行攻击是不可想象的。哈尔西认为日本人的航空母舰一定就在附近海域。为阻止栗田向圣贝纳迪诺海峡前进，同时也为抵御日本航空母舰飞机可能的攻击，哈尔西下令所有飞机立即起飞投入战斗。

　　正当第3舰队的飞机准备飞往锡布延海时，美军雷达观察到两个庞大的敌机群。几分钟后，又发现一个更大的机群从西南方向迅速接近。于是，美军"埃塞克斯"号、"普林斯顿"号、"列克星敦"号和"兰利"号4艘航空母舰的飞机暂时改变了进攻目标，向敌机群扑去，其余航空母舰上的飞机则继续飞往锡布延海攻击栗田。

东部海域之战

当时，菲律宾东部海域天气变化异常，一会儿是晴天，一会儿是风暴，这对双方飞机妨碍并不大，但风暴却大大帮了美军航空母舰的忙，使它们可以像捉迷藏在风暴中出入，躲避日本飞机地袭击。一场空中恶战不久就开始了。

双方飞机互相追逐着，搏斗着，由于日军富有经验的老飞行员在中途岛以来的历次战斗中已经几乎损失殆尽，新飞行员又因懒散大大影响了训练质量，所以战斗素质普遍很差。战斗开始不久，日军就失去了进攻的势头，渐渐陷入被动，最后被美军舰载机打得落花流水。约有70余架日机当场被击落，而美军损失却很小。不久，日机就被美机赶得无影无踪了。美军雷达在周围50海里的范围内再也没有发现敌机，于是，美军航空母舰便从风暴中驶出，逆风前进，开始接收用完了弹药和油料的飞机降落。所有航空母舰上的飞机降落得都很顺利，不久，甲板上就停满了各式各样的飞机，地勤人员开始忙碌起来。谁也没有想到就在这个时刻，一架日本轰炸机突然从"普林斯顿"号航空母舰的后面窜了出来，径直向该舰甲板冲去，随着刺

▲ 航空母舰遭到轰炸

耳的呼啸声，一枚炸弹准确地落在甲板上。当时，甲板上有不少飞机正在加油，另一些飞机已悬挂好了鱼雷和炸弹，正在等待起飞。这枚炸弹的爆炸立即引起了大火，很快又引着了甲板上一切可以燃烧的东西。除了灭火队外，全舰人员不得不弃舰逃生。大约到黄昏时，除了舰尾靠近鱼雷库的地方仍然在燃烧外，火势已被控制住。"伯明翰"号巡洋舰于是返回"普林斯顿"号旁边，准备拖航。这时，"普林斯顿"号舰尾突然发生了一阵惊天动地的大爆炸，燃烧着的油气扣爆炸开的弹片一股脑地倾泻在"伯明翰"号的甲板上。据该舰一位军官事后回忆，当时的"景象令人毛骨悚然，惨不忍睹。甲板上到处是被炸死的人和伤势惨重、奄奄一息的人，许多人血肉模糊，十分可怕……鲜血到处横流，淌进了甲板的排水沟，继续流着，流着……"。虽然"伯明翰"号本身只受了点轻伤，但它的舰员中却有229人被炸死，420人受了伤。"普林斯顿"号再也无法抢救了，美军只好用鱼雷把它击沉。这是自所罗门战役中"大黄蜂"号被击沉以来，美国损失的又一艘航空母舰。

锡布延海之战

就在菲律宾东部海域的战斗正在激烈进行着的时候，锡布延海上还是阳光明媚，微风阵阵，嗅不到一丝一毫的战斗气息。天空中不时地飘来几朵小块白云，点缀着这即将发生一场恶战的地方。

大批美机到达之前，栗田正率领自己的舰队毫无阻拦地向圣贝纳迪诺急进。

10时20分，美军第一攻击波飞抵栗田舰队的上空。40余架轰炸机、鱼雷机以及歼击机在日舰两侧迅速占领了有利阵位，做好了合同攻击的准备。日舰立即开火，猛烈的高射炮火组成一道道火网，炮弹在美机四周爆炸。但美机的合同战术明显奏效，两艘大和级巨舰和3艘巡洋舰被鱼雷、炸弹击中。可是，日本"大和"号和"武藏"号战列舰装甲防护极好，并只有1100多个水密舱，因此，虽然被鱼雷和炸弹击中多次，仍能坚持航行作战。

▲ 被击中的日本军机

在此之后，美军又连续发动了4次空中攻势，直到第5次攻击波之后，巨大的"武藏"号才遭到致命损坏。它被鱼雷命中了19次，炸弹命中了17次，终于失去浮航能力而沉没了。与此同时，一些重型巡洋舰也不同程度地受到损伤，于是，栗田下令舰队掉头向西迅速撤离战场。

美军侦察机立即报告了这一情况，哈尔西认为，栗田在受到严重损失后肯定是撤退了，因此，日军通过圣贝纳迪诺海峡的危险已不足虑。但始终没有发现日军航空母舰，这一点却使哈尔西生疑，所以他开始派出侦察机到处搜寻日军航空母舰的踪迹，力图发现并消灭它。

夜战苏里高海峡

日军中央分遣舰队从锡布延海上后撤之后，中央战线暂时平静下来，而南方战线则正在酝酿着一场恶战。

24日夜间，日军南方分遣舰队的西村编队已悄悄地靠近苏里高海峡。苏里高海峡位于棉兰老岛以北，总长30海里，狭窄处有较强的海流，与莱特湾紧紧相连。这时，美国海军上将金凯德的第7舰队正列阵等待着西村的到来。他的6条战列舰在海峡的北口一字排开，33艘巡洋舰和驱逐舰在战列舰的侧翼前方占据了有利阵位，还有39枚鱼雷快艇也在海峡的南口待机行事。这是金凯德在海军学校当学员时就梦想立现的"T"字阵，这回终于可以如愿以偿了。

22 时，西村已接近苏里高海峡南口。这天夜里海面上风平浪静，但却格外的黑。西村完全没有料到美军正严阵以待，静候他的到来。

由于美军的对海警戒雷达比日军先进，所以当西村编队还在 25 海里以外时，就已被美军发现。而西村直到美军鱼雷快艇已经发起攻击时才发觉敌方兵力的动向。然而日本人虽然开局不利，有点被动，但毕竟受过良好的夜战训练，他们用探照灯和照明弹照亮了目标，并以迅猛的炮火进行拦阻射击。炮火凶猛、准确，美军鱼雷艇突击群连续几次攻击均被打退。美军损失严重。战斗中，美军鱼雷艇群指挥艇上的无线电被打坏，因此 4 个小时后，海峡北口的美军指挥官才收到一次战斗的报告。这时，西村率领自己的编队已经驶进了苏里高海峡南口，他并不知道自己正慢慢地落入金凯德的"T"字阵。由于航道狭窄，西村只得率领舰队鱼贯前进。

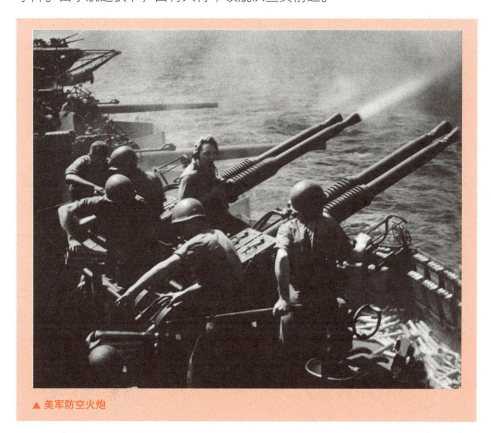

▲ 美军防空火炮

　　大约凌晨3时，美军驱逐舰首先开火。它们从日本人的两舷方向猛烈射击。同时向敌舰迅速逼近，以便抢占有利阵位施放鱼雷。这时位于驱逐舰后方的美军战列舰和巡洋舰也开始投入战斗。照明弹，曳光弹把整个战场照得雪亮；战斗很快达到白炽化。到处都是火光和硝烟，双方大炮在轰鸣，鱼雷在爆炸；燃烧的军舰在火光中沉没，落水的士兵在波涛中挣扎。一枚鱼雷击中了西村的旗舰"山城"号战列舰，引起弹药库大爆炸，不久该舰就沉入了海底。西村在临死前用无线电向其余尚有的日舰大吼："我们被鱼雷击中，你们应继续前进，攻击敌舰。"此后，日舰"扶桑"号充当了指挥舰，但该舰舰长没有发出任何命令，只是一味地向北推进，听任命运摆布，直到被美军鱼雷和炮火击中，沉入海底。至此，日军只剩下中弹起火的"最上"号重巡洋舰和两艘驱逐舰。"扶桑"号沉没后，这3艘军舰便掉转逃跑了。它们在逃跑的路上，碰巧将一队美军驱逐舰夹在了中间。这队驱逐舰遭到日舰和己方炮火的轰击，损失严重。殿后舰"格兰特"号连中20余发炮弹，全舰起火，最后烧成了一堆废铁。美军为使自己的舰只免遭炮火损伤，下令停止射击，3艘日舰才乘机逃脱。

▲ 日军被击中的飞机冒着黑烟坠入海中

　　撤退路上，他们与分遣舰队的志摩编队相遇，合为一股，重返战场。

　　这时航道上硝烟弥漫，火光熊熊，只见几艘军舰的残骸正在燃烧下沉。志摩从警戒舰中派出两艘驱逐舰到前方搜索。

　　没过多久，美军一艘鱼雷快艇透过硝烟发现了志摩的先头驱逐舰，立即向前面的一艘施放了鱼雷，但没有命中，却碰巧击中了落在后面的"阿武隈"号。"阿武隈"号遭重创，无线电室进了水，航速减到 10 节，不得不提前退出战场。这一损失并没有动摇志摩的决心。他仍率舰队以 28 节的高速向前急进。不久，志摩发现前方有 1 艘日舰冒着浓烟静静地在海面上漂泊，便派出"那智"号前往救援。这艘受伤的日舰就是"最上"号重巡洋舰。该舰看上去像是静止的，但实际上却正以 8 节的速度随海流运动。结果，两艘日舰发生碰撞。"那智"号舰舷受重伤，海水进入船体。这一撞终于使志摩头脑清醒起来，他下令退出战场，日本南方分遣舰队的进攻宣告破产。在苏里高海峡，日军共损失战列舰 2 艘，巡洋舰和驱逐舰 5 艘。

莱特湾军情危急

25 日晨 6 时 47 分左右，就在第 7 舰队司令金凯德刚刚发出捷报不久，

停泊在萨马岛海面的美军护航航空母舰第三支队司令斯普拉格少将突然接到一架侦察机的报告，有一个规模大得多的日本舰队——栗田的中央舰队，穿过圣贝纳迪诺海峡，正从西北方向南下，现已到达萨马岛以东海面，离斯普拉格的编队只有 20 海里了。起初斯普拉格以为准是飞行员又搞错了，便怒气冲冲地命令飞行员，检查一下他的报告。那个飞行员回答说："目标肯定是日本人的舰队，因为大型军舰上有塔式桅楼，而且'大和'号战列舰奇特的外形与美军战列舰毫无共同之处。"这一消息犹如当头一棒，使斯普拉格目瞪口呆。一会儿，他舰上的瞭望员也报告说："日本战列舰的桅杆已出现在水平线上。"

斯普拉洛知道，再过几分钟，他的编队就将受到日本人的大炮轰击了。于是，他下令，所有飞机马上起飞，阻止日本舰队的行动，军舰则向东全速撤离。可是，斯普拉格的护航航空母舰大都是用商船改装的小型母舰，最高时速只有十几节，他们向南逃窜的狼狈相可想而知。萨马岛离莱特湾近在咫尺，金凯德一得到消息就感到形势有点不妙。于是，他给第 3 舰队司令哈尔西连发了两封急电，第二封甚至用了明码。但此时哈尔西已经不得不在数百

▲ 日本发动反击

海里之外阅读金凯德的电报了。尽管哈尔西随即命令留在加罗林群岛的一支航空母舰特混大队立即驰援斯普拉格，但这支部队的泊地也在300海里之外，甚至比哈尔西当时的所在地还要远几十海里。

　　栗田的舰队不是已经撤退了吗？怎么会开到莱特湾附近来了呢？原来，栗田在锡布延海的撤退，只是一时的权宜之计，目的是暂时躲开美机在白天的空袭。当他乘着夜色重返锡布延海时，没有遇到任何危险。而且出乎意料的是，他发现圣贝纳迪诺海峡内也没有哈尔西的第3舰队。他欣喜若狂立即率领舰队穿峡而过，向莱特湾急驶。这时，栗田的编队已经没有出发时那么大的威力了，他已有好几艘战列舰和巡洋舰被击沉，另有几艘军舰受重创不得不退出战斗。但他终究还拥有一股可怕的力量。他此时仍然拥有4艘战列舰、8艘巡洋舰和10艘驱逐舰。因此，如果他闯入莱特湾的话，那么美军登陆部队和云集在那儿的其他辅助船就将遭殃了。

"蛮牛"哈尔西

守卫在圣贝纳迪诺海峡的哈尔西到哪儿去了？原来，24日下午栗田的退却使哈尔西信以为真，于是，他把注意力全部集中到搜寻敌人的航空母舰上去了。大约在24日下午5时，小泽的航空母舰在南下途中被发现。由于在此次战役开始前，尼米兹给哈尔西下达的作战命令中明确规定："在出现可能时，以消灭敌舰作为主要任务。"而且还指示："有关第3舰队和第7舰队的协同行动的一切必要措施，由两舰队司令官规定之。"这一指示使哈尔西在自认为有可能消灭敌航空母舰时，有了自由行动的权力。所以，他一得到小泽航空母舰的准确位置，就立即下令，除了尚在加罗林的麦凯因特混大队以外，其余舰只全部向北扑向日本航空母舰，力争在黎明时消灭他们。

早在战争初期，人们就知道哈尔西有一个恰如其分的绰号——蛮牛。这回他又一次按自己的信条行事了。他既然下定决心要干掉小泽的母舰舰队，就不遗余力地调用了一切可用的作战舰只，甚至对圣贝纳迪诺海峡也不留一点防卫力量，因为他认为金凯德的第7舰队完全可以应付日军的任何威胁。

24日夜间11时，哈尔西已向北航行了100余海里，这时他得到一架侦察机的报告，栗田舰队向圣贝纳迪诺迅速靠近，离海峡只有几十海里了。但哈尔西不以为然。他认为这不过是一支丧失了战斗力的舰队在按照日本人的传统做一次自寻死路的拼搏而已，金凯德的第7舰队完全能够应付。因此，他仍然继续向北急进。这样一来，日本人设下的诱饵，虽然没有在预期的时刻但最后还

▲ 哈尔西

是被哈尔西吞下去了。

25日黎明时分，哈尔西的侦察机在东北方向140海里处发现了小泽的舰队。这是一支由4艘航空母舰、3艘舰尾载水上飞机的战列舰、3艘巡洋舰和10艘驱逐舰以及16架飞机（由于24日在菲律宾东部海域的空战中损失了100架，这时日方只剩下16架歼击机可供使用了）组成的舰队。哈尔西命令马上发动进攻。日军派出仅有的16架歼击机与美军对抗，并用各种高射炮火进行拼死抵抗。然而，美军攻势凌厉，不久就炸沉了1艘日军航空母舰，并重创另1艘。正当哈尔西满怀喜悦准备用自己战列舰上的大炮亲手干掉小泽航空母舰的时候，他又一次收到了金凯德的求援电报。这是25日上午9时左右的事情。因为当时栗田突然停止了对萨马岛美军船只的追击，转而直扑莱特湾，而在那里正停泊着许多容易受到攻击的运输船和登陆艇，如果让栗田闯入，那么登陆美军的处境就危险了，所以金凯德才又一次向哈尔西发出紧急求援的电报。哈尔西对拥有重兵的金凯德的第7舰队，仍然不能击退栗田，感到大惑不解，况且尼米兹也并没有交代给他支援、掩饰第7舰队的任务，但他还是决定命令所属的5艘航空母舰立即掉头回援，其余舰只继续完成消灭小泽舰队的任务。

但这时哈尔西又收到尼米兹的一封电报。哈尔西事后谈起这个电报时说："我好像挨了一记耳光。"这封电报的全文是："全世界都想知道第34特混舰队到哪里去了？"（第34特混舰队是第3舰队所属的一个航空母舰群与新式战列舰组成的特混机动编队，据说是哈尔西原来打算用来守卫圣贝纳迪诺海峡的）哈尔西当时感到这是对他的一种侮辱，事后才知道实在是个误会。因为前面的几个字是发报员随意加上去的，其目的是为了使这份电报不易被彼敌人破译。虽然，哈尔西从当海军军校学生时起就一直梦想亲手用自己战列舰上的大炮把敌人的舰队主力轰得粉身碎骨，但此时此刻，他还是克制了自己，亲自率领6艘新式战列舰和一个航空母舰特混编队急速驰援金凯德。

莫名其妙的栗田

然而有趣的是，虽然栗田已经把美国人打得手忙脚乱了。可是，他自己却一点也不明白他的行动已经造成了多么有利的局面。庞大的"大和"号战列舰的第一次齐射，就使美国人感到震惊。460毫米口径的大炮从15海里外发射，大约1吨半重的炮弹呼啸着落在美国第7舰队的护航航空母舰的周围，激起一股股冲天的水柱。由于日军炮弹内装有供彼此校准弹着点的颜料，所以，在美舰附近腾起的都是彩色水柱。威力巨大的爆炸甚至把"白草原"号护航航空母舰震得像在风浪中的一叶小舟，左摇右摆。在这猛烈的轰击下，美军舰只纷纷向南逃窜，但巨大的炮弹仍然不断落在他们的周围。要不是美舰及时地施放了烟幕，他们恐怕很难逃脱覆灭的命运。这时风暴又一次帮了美国人的忙。在烟幕的掩护下，美舰纷纷躲进风暴区。在这里由于能见度很低，日本人的射击准确性大大降低。为了更有效地攻击美舰，栗田派出一支巡洋舰分队绕到美军护航航空母舰的正横方向。他们不断地用巨大的主炮轰击这些小型母舰，栗田的战列舰仍从美舰舰尾方向射击。美军当时在场的所有护航航空母

▲"大和"号战列舰

舰几乎都被日本人的炮弹击中了，离日本人最近的"冈比亚湾"号护航航空母舰受到巨大破坏，丧失了浮航能力，不久就沉没了。日本人的自杀飞机这时也开始趁火打劫，使美舰受到更严重的损失。

但美军仍然顽强地抗击着敌人的进攻，7艘驱逐舰勇敢地向敌舰发动反击。尽管这些舰只本来只是作反潜用的，防御能力很差，而且舰上多是新兵，甚至连作战队列也从未演习过，但在这异乎寻常的时刻，他们却表显得相当出色。他们一面高速度地机动，出入烟幕，一面用迅猛的炮火向敌舰射击，而且大大发挥了鱼雷的作用，迫使敌舰进行机动，以规避鱼雷，这样不但给栗田造成了一定的损失，而且也大大阻挠了他的推进速度。同时，美军舰载机也勇敢地向敌舰发起连续不断的进攻。就连那些没有炸弹和鱼雷的飞机也飞来飞去，不断扫射日舰舰桥上的人员，威胁着敌人，迫使他们不断地改变航向，以致不能发挥其速度上的优势。但是，日舰很快就找到了自己的攻击目标。他扭转炮口猛轰美军驱逐舰。"约翰逊"号在日舰的一次齐射中沉入海底，舰上只有少数人侥幸脱险。混战中另两艘美舰也遭到相同的命运。形势进一步恶化，日本军舰步步紧逼，双方舰只越来越接近了。就在第7舰队的护航航空母舰舰群几乎马上就要被全歼的时候，突然发生了一件令人难以置信的事情，栗田舰队突然掉头北上，迅速撤离了战场。这一莫名其妙的举动，使美国人很惊讶，为了弄清这个问题，他们战后还曾专门提审战犯栗田，但他并没有做出令人满意的解释。他的一系列自相矛盾、不能自圆的辩解，只能使人认为，他当时已经惊慌失措，失去了正确判断的能力。此外，他所截获的情报是那样混乱，很容易使他产生一种错觉，即美国的部分援军已到达离他只有70海里的地方，并且已接近他所必经的退路了。因此他才决定放弃对莱特湾的进攻，趁美军得到增援和自己退路被封锁之前，赶快逃走。历史上确实不乏这样的例证，在情况千变万化错综复杂的战场上，指挥官往往是靠臆想，而不是靠事实来作决定。他们从各种相互矛盾的情报中所获得的印象，往往要比任何真正的打击更起作用。

沙场点将

托马斯·卡森·金凯德

托马斯·卡森·金凯德（1888～1972年）是一名美国海军上将。在第二次世界大战中，金凯德担任过西南太平洋战区盟军海军指挥官，还曾指挥过著名的第7舰队。

金凯德于1888年4月3日生于新罕布什尔州汉诺威的一个海军世家。1908年从美国海军学院毕业后，金凯德先后在内布拉斯加号和明尼苏达号上服过役。1913年，他投身于海军炮兵工程学，在接下来的几年中都在该领域工作。1917年第一次世界大战时期，金凯德随宾夕法尼亚号前往英国，同皇家海军一起对抗德国海军，但并未直接参战。1918年，升任亚利桑那号的枪炮长。1919年，他又被调往华盛顿特区的炮兵局工作。

1942年，金凯德晋升少将，受命指挥一支巡洋舰中队。1942年下半年，他改而指挥一支以企业号航空母舰为核心的特混编队，参与了漫长而艰苦的所罗门群岛战役。1943年1月，金凯德调任北太平洋方面军司令，将日军赶出了阿留申群岛。1943年11月，金凯德升任盟军西南太平洋战区海军司令，兼任第7舰队指挥官，同时晋升为中将。他率领美国和澳大利亚盟军度过了艰苦的新几内亚战役，于1944年10月指挥第7舰队参加庞大的莱特湾海战并取得胜利。随后他的部队又支援了进攻菲律宾和婆罗洲的行动。1945年4月3日，金凯德因其卓越的功绩而晋升为海军上将。

从1946年至1950年他退役前，金凯德一直担任大西洋预备舰队司令。1951年，他又返回现役并在训练岗位上工作了2年。托马斯·金凯德上将于1972年11月17日逝世。

▲ 托马斯·卡森·金凯德

栗田健男

栗田健男（1889～1977年），日本海军将领，作为重巡洋舰战队司令参加过中途岛海战，其所属战队的四艘最上级重巡洋舰在海战中被击沉一艘，重创一艘。作为分舰队司令参与过马里亚纳海战。作为主力舰队司令参加了莱特湾海战。在莱特湾海战中，小泽治三郎中将已经将哈尔西主力舰队引开时，其率领主力战列舰群突入莱特湾，但在美国驱逐舰、舰载机的顽强抵抗下，以为面对美军主力舰队，再加上当时天气恶劣，命令大和号为首的第二舰队撤退，从而错失了歼灭美军登陆部队的良机。因此其被后人笑称为"逃跑的栗田"。

有的人说到他的指挥技术平平，尤其意志力薄弱。批评他缺乏山本五十六的气魄和小泽治三郎那样的才能。也有人认为栗田比较有人性，其撤退命令保全了第二舰队剩余官兵的安全，因为即使第二舰队歼灭美军登陆舰队，其也会被随后赶到的美国主力舰队全部消灭。

莱特湾海战后被撤去主力舰队司令职务，转任海军兵学校校长直至第二次世界大战结束，因此他也是日本海军兵学校的最后一任校长。

相关链接

富兰克林号航空母舰

富兰克林号航空母舰（舷号CV-13）是一艘隶属于美国海军的航空母舰，为埃塞克斯级航空母舰的五号舰。它是美军第五艘以富兰克林为名的军舰，但纪念对象却仍有争议。其一说法指，虽然前四艘富兰克林号确实为纪念美国立国元勋本杰明·富兰克林，但富兰克林号航空母舰只不过是继承前四舰之舰名，并无特殊纪念对象；真正纪念富兰克林本人的航空母舰应为好人理查德号。而另一说法则以舰上铜匾为据，指富兰克林号航空母舰是纪念美国内战的富兰克林战役。无论如何，舰上水兵仍以本杰明·富兰克林之名，昵称富兰克林号为大班。

富兰克林号于 1942 年开始建造，在 1944 年初服役，并在菲律宾海海战后开始参与太平洋战争。空袭日本本土期间，富兰克林号被日军轰炸机重创，几乎沉没，但最终仍成功撤出战场，并以自身动力返国维修。战后富兰克林号退役停放，虽先后重编为攻击航母、反潜航母及飞机运输舰，但未再出海执勤。1964 年富兰克林号除籍，于 1966 年出售拆解。

无畏号航空母舰

　　无畏号航空母舰（舷号 CV-11）是一艘隶属于美国海军的航空母舰，为埃塞克斯级航空母舰的三号舰。它是美军第四艘以无畏为名的军舰，舰名源自美国海军于 1803 年俘获的一艘火船。

　　无畏号于 1941 年开始建造。建造仅开始数日，日本偷袭珍珠港。美国正式参与第二次世界大战，并加快建造无畏号等航空母舰。1943 年无畏号下水服役，开始参与太平洋战争。战后无畏号退役封存，在朝鲜战争后开始进行 SCB-27C 改建，又在期间重编为攻击航母（CVA-11），于 1954 年在大西洋舰队重新服役。稍后无畏号又进行 SCB-125 现代化改建，增设斜角飞行甲板。

▼ 无畏号航空母舰

1962年无畏号重编为反潜航母，舷号改为CVS-11，继续留在大西洋及地中海执勤。稍后无畏号参与美国的太空计划，分别担任水星－宇宙神7号及双子座3号的救援船。1966年至1969年，无畏号曾三次前往西太平洋，参与越战。虽然无畏号其时已改编为反潜航母，但美军临时将之改编为辅助攻击航母，故无畏号也有派飞机到陆上参与攻击。

无畏号在1974年退役，并一度预备出售拆解；但在民间组织努力下，海军在1981年将无畏号捐赠到纽约作博物馆舰。1982年无畏号除籍，而同年无畏号海空暨太空博物馆于哈德逊河河畔正式开放，自此成为曼哈顿的重要地标及旅游点。1986年，无畏号获评为美国国家历史地标。

战役结果及影响

栗田在撤离战场的途中，一再受到美机的袭击，耽误了不少时间，但他仍然比急驶回援的哈尔西早到圣贝纳迪诺海峡3个小时。他发现这里并没有敌人，便穿过海峡溜走了。

26日凌晨，哈尔西率舰队赶到圣贝纳迪诺海峡，但栗田已经溜掉，哈尔西到底白跑了一趟。愤怒之余，他向栗田退却方向派出大批舰载机进行追击。其他舰只则在莱特湾附近海域寻歼掉队或受伤的日舰。正好这时，日本"朝野"号驱逐舰与哈尔西的舰队遭遇，于是成了栗田的替死鬼。哈尔西舰队用暴风雨般的炮火足足射击了45分钟，把"朝野"号打得粉身碎骨。

对哈尔西来说还能给他一点安慰的是，他留下的2个航空母舰群在米切尔海军中将的指挥下，按照他的意图，狠狠打击了小泽舰队。在美舰载机的沉重打击下，小泽开始向北退却。美机像黄蜂密密麻麻地纠缠着日舰，连续不断地发起攻击，打得日本人顾此失彼。日本轻工航空母舰"瑞风"号很快就支撑不住，沉入海底。"千岩"号也遭重创，一动不动地漂泊在海面上。他的护卫舰在美机的打击下，纷纷向北逃窜，任凭美军将其母舰击沉。

"瑞鹤"号航空母舰也在美机连续不断地打击下葬身海底。这是参加偷袭珍珠港的 6 艘航空母舰中被美军消灭的最后一艘。

为了摆脱美机的攻击，小泽率残余舰队发疯似的向北逃跑，完全顾不了掉队和受伤的舰只。就在这时，小泽获得了一个情报，使这场战斗发生了一个戏剧性的变化。

原来，小泽的一般驱逐舰报告说，美军追击部队中只有两艘战列舰和不多的一些巡洋舰、驱逐舰。小泽于是觉得没必要如此逃命，根据他的实力完全可以与追兵再决雌雄，遂命令各舰掉转船头，直扑美军追击编队。

这第一次世界大战斗在其结束阶段，竟出现如此滑稽的逆转，退却逃跑的小泽竟成了追击美舰的勇士，率舰队迎着美舰驶去。

美军追击部队见日本人杀了个回马枪，摸不透他们搞的什么名堂，便暂时退了下来。小泽足足追了两个多小时，毫无结果，才又下令返航。他虽然已无追兵可虑，但其厄运并未结束。

原来美军早就在小泽的退路上部署了好几个潜艇战术群。它们按照"狼群战术"的要求布阵，专等小泽的到来。

黑夜中，小泽的先头舰被美军第一次世界大战术群的 1 艘潜艇发现。他一面发出讯号召唤附近潜艇，一面向日舰发射了几枚鱼雷，但均未命中。这艘日舰侥幸脱逃，但该舰后面的军舰却被打得落花流水。战斗中日军"多摩"号巡洋舰被击沉。由于美军潜艇夜间攻击，射击准确性不高，小泽剩下的 7 艘军舰最后还是突出重围，挣扎着逃回了日本。

在这次海战中，日美双方投入舰船共达 280 余艘。日本人又一次遭到惨败，共损失航空母舰 4 艘、战列舰 3 艘、巡洋舰和驱逐舰 20 艘，而美国人只损失了 1 艘轻型航空母舰、2 艘护航航空母舰和 3 艘驱逐舰。

这次海战的意义十分明显。日本海军主力遭到毁灭性打击，航空母舰部队全军覆没，日本海军再也不能对美军构成任何战役性威胁，制海权和制空权至此完全落入美军手中。日本的海上交通线也被彻底切断，使东南亚各地的日本守军完全处于进退无路的境地。

莱特湾海战再次表明了诸兵力兵器合同作战的重要性，特别是在海军航空兵高度发展的今天，一支没有空中保护的舰队要想在海战中获胜是不可想象的。而美军自恃兵力雄厚，又加上两个战区的矛盾，未能对参战兵力实施统一指挥，险些使战役受挫，教训也是深刻的。

另外，这次海战还告诉我们，不管武器装备有多么大的发展，战争中，人仍然是主要因素之一，特别是指挥官的优劣对作战的胜负关系极大。日美双方指挥官的失误使这场海战多次出现戏剧性变化，大大影响了战局的发展，由此可见，指挥艺术也仍然是现代战争中取胜的重要因素。

血洗冲绳岛

　　1945 年春，日本九州一带，樱花如烟。3 月 18 日黎明，在鹿儿岛几个海军航空兵基地上，一排排飞机的螺旋桨开始转动，劣质汽油使引擎发出难听的噼啪声。脸色阴沉的日本特攻敢死队员头系白绸带，走过女学生"奉仕"队员的行列跨入座舱。日本飞机在天空中编好队，呼啸着向九州东南方 90 海里的洋面上扑去。在那里，美国航空母舰特混舰队已经摆开战阵，正在对日本发动猛烈空袭。一场惨烈的大战役拉开了序幕，它的焦点是琉球群岛中美丽的海岛冲绳。

✿小档案✿

作战时间：1945.4.1 ~ 6.21

海战地点：日本冲绳岛

交战双方：盟军（美、英、加、新、澳）　日本

主要指挥官：约瑟夫·史迪威（美）、雷蒙德·阿姆斯·斯普鲁恩斯（美）、马克·米切尔（美）、牛岛满（日）、宇垣缠（日）、伊藤整一（日）

战斗结果：盟军获得胜利，12 513 人阵亡或失踪、38 916 因战斗受伤、33 096 非因战斗受伤、372 辆坦克报废、763 架军机报废、260 艘军舰沉没或报废、368 艘军舰受损；日本 95 000 军人阵亡或失踪、17 000 人受伤、16 艘军舰沉没或报废、7830 架军机被击落。

战前背景

1944 年底，美军攻占菲律宾后，计划攻克战略位置十分重要的冲绳岛，取得进攻日本本土的关键性前进基地。参谋长联席会议决定：布克纳尔中将指挥 10 集团军 18 万人在冲绳作战；斯普鲁恩斯上将指挥第 5 舰队，负责掩护；特纳中将为登陆全权指挥。驻守在太平洋各岛的美国陆军、海军陆战队、航空部队和后勤部队将全力投入战斗。届时，将有近千艘舰船，2000 架飞机参战。除 6 万吨弹药、123 万吨燃油外，还准备了大批军需物资，光香烟就有 300 万包。

美第 5 舰队由 51、52、53、54、55、58 六支特混舰队编成，负责雷达哨戒、扫雷、反潜、火力支援、登陆和空袭等任务。英国皇家海军编成 57 特混舰队，屏卫冲绳南方先岛群岛一线。作战计划书数以吨计。冲绳离日本 340 海

里，受日本本土空军威胁极大。有的行家称此计划为"海军有史以来承担的最富于冒险精神的战斗"。它被称为"冰山"行动。意即：美军的庞大实力仅为冰山之一顶，大头还在海面以下，待到日本本土登陆时才亮出来。

日军守岛部队为牛岛满中将的第32军。日军大本营料到美军将在冲绳岛登陆，决定除在冲绳南部构筑坚固工事外，命字垣中将组织一千余架飞机和自杀飞机歼灭美水面舰艇，以"大和"舰为首的日残存舰艇、自杀艇、"回天"鱼雷也要投入敢死性攻击。日军计划命名为"天号"作战，意思是：冲绳之战，对日本运命关天。

实力 PK

盟军舰队编成

美军第5舰队的第58特混编队，下辖四个大队，共计16艘航母、8艘战列舰、18艘巡洋舰和56艘驱逐舰，搭载舰载机1300余架。

第57特混编队，下辖4艘航母、2艘战列舰、5艘巡洋舰和15艘驱逐舰，搭载舰载机150余架。

登陆编队中登陆舰艇约500艘，护航及支援舰只有护航航母28艘、战列舰10艘、巡洋舰14艘、驱逐舰74艘、护卫舰76艘，舰载机约800架，连同后勤保障和运输船只，总共达1300余艘。

总计投入士兵达54.8万人。

▲ 美军航母上飘扬的星条旗

日本舰队编成

联合舰队第二舰队投入"大和"号战列舰、"矢矧"号巡洋舰和"冬月""凉月""矶风""滨风""雪风""朝霞""霞""初霜"号等8艘驱逐舰。

总计投入兵力12万人、16艘军舰、27辆坦克、927门火炮、8080架军机。

精彩回放

"富兰克林"号的灾难

58岁的老军人马克·米切尔中将身经百战，他指挥的58特混舰队的核心是11艘舰队航空母舰和6艘轻型航空母舰。他们在8艘战列舰、18艘巡洋舰和56艘驱逐舰护卫下，离开了太平洋上美景天成的乌利西珊瑚环礁，驶入冲绳以北、九州以南的攻击阵位。58特混舰队分为四个特混大队，每队以3~5艘航空母舰为中坚。米切尔估计日军必将发动凶猛空袭，只让舰队搭载了少量的鱼雷机，把空出的机库多载了当时享有盛名的F6F地狱猫战斗机和F4U战斗机。

3月18日晨，米切尔先发制人，起飞了大批轰炸机、战斗机袭击九州各机场。但日军均早已妥善隐蔽，机场空荡荡的。一批飞机已经起飞，正向米切尔的舰队发起攻击。日机找到目标后，进行了杂乱地轰炸和撞击。美军舰只炮火炽烈，击落大量日机，仅航空母舰"勇猛"亏和"企业"号负轻伤。

19日晨，米切尔舰队缓缓北移，同时出动大批飞机深入濑户内海的吴

▲"富兰克林"号上燃起熊熊大火

港和神户港，轰炸已被发现的日战列舰"大和"号及航空母舰"天城"号。日舰损失不大。以组织特攻队著名的日第5舰队司令字垣进行了有力反击。从鹿屋、串良基地起飞的海军第501航空兵中队的4架银河机、251中队的6架天山机协同陆军航空兵98中队的13架重轰炸机直扑53特混舰队。当时，"黄蜂"号航空母舰正在起飞舰载机，日机在云层上逼近，一颗炸弹凌空而下，穿透了飞行甲板和机库甲板，在厨房爆炸，大火在甲板上蔓延。另一架自杀机撞中舷侧升降机，大爆炸把6条消防水管一齐破坏，烟焰焦天，血流满船，死伤370人。由于美损管队员拼命搏斗，"黄蜂"号大火熄灭，得以幸存。

美第2特混大队共有3艘航空母舰。其中"富兰克林"号（CV—13）是一艘标准排水量3.08万吨的新型舰队航空母舰。它刚起飞了二批舰载机，由于云层低，未能发现正在逼近的日轰炸机。一架日机钻出云层俯冲，投下两

▲ 被日军在甲板上开了"天窗"的富兰克林航母，图为一名随军牧师在鼓舞美军的士气

颗 250 千克炸弹。舰上 127 毫米和 40 毫米高炮一齐开火，将这架银河机轰成碎片。炸弹命中"富兰克林"号的机库和飞行甲板，爆炸波及飞机和舰载武器，诱发一连串爆炸和大火。两台升降机均遭破坏，许多人员在机库中被烧死。整条军舰烈火熊熊，浓烟笼罩，烟柱高达 600 米。

舰长莱斯里·盖尔斯上校指挥军舰右舵，并降低航速，力图控制火势。这时，机载炸弹和火箭连续爆炸。火箭怪叫着向四面八方乱窜，塔台被打成筛网。大炮和堆在上层建筑后的弹药箱被烧炸，弹片和钢板到处横飞，通讯全部断绝。坐镇在旗舰"邦克山"号航空母舰上的米切尔将军，听到烟云笼罩下的"富兰克林"号发生六次大爆炸，忧心如焚，几乎说不出话来。

盖尔斯上校坚信军舰尚可挽救。他下令往弹药舱紧急注水，防止再发生大爆炸。注水后，军舰倾斜达 6°。轻巡洋舰"圣太菲"号转移了负伤官兵。第 2 特混大队的其余军舰围拢"富兰克林"号，为它提供防空屏护。

两小时后，"富兰克林"号上还有弹药爆炸。又继续注水，该舰横倾增加到 13°，眼看要翻转沉没。全舰官兵奋力灭火，丢光了所有炮弹，终于控制了火灾。此刻，飞行甲板已变成横七竖八的废钢垃圾堆。舰上 5 架轰炸机、14 架鱼雷机和 12 架战斗机均焚于一炬。中午，一架日本彗星机又来投弹、冲拖，没有命中。重巡洋舰"匹兹堡"号为"富兰克林"号拖航。不久，"富兰克林"号轮机修好，自己航归珍珠港，后又返回旧金山。三千余名乘员中，已有千余人无法看到巍峨的金门桥了。"富兰克林"号是第二次世界大战中受创最重而又被抢救过来的航空母舰。它的抢救经验，指导了以后的军舰设计和损害控制系统的改进。

米切尔舰队一面逶迤东撤，一面继续打击字垣的基地和飞机。3月22日，美方声称击落击毁日机500架，迫使日航空兵无法大规模支援冲绳作战。

袭夺庆良间群岛

根据太平洋战争历次两栖登陆经验，特纳中将选中庆良间群岛作为进攻冲绳的海军前进锚地。庆良间群岛位于冲绳那坝市以西15海里处，悬崖陡峻，礁石如麻。3月26日黎明，430艘各类舰艇运载美步兵77师登陆。驻岛日军没料到美军的攻击，被全歼。锚泊在庆良间的250艘自杀艇彼美军缴获。特攻自杀艇是一些航速30节的单人操纵小艇。以震洋级自杀艇为例，它长6米，能携带两颗125千克深水炸弹。它利用夜幕接敌，炸毁敌舰水线下船体。这种艇在菲律宾战役中曾击沉过美舰。庆良间群岛是日本海上袭击队基地。美军攻占该群岛，使得日军无法利用自杀艇对美冲绳岛登陆场实施夜袭。特纳在庆良间迅速建立了庞大的停泊场，对参加冲绳战役的舰艇进行补给、修理和休整。在整个"冰山"作战期间，美军因之得益匪浅。

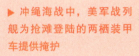

▶ 冲绳海战中，美军战列舰为抢滩登陆的两栖装甲车提供掩护

"菊水"特攻

4月1日，美军700余艘舰艇掩护海军陆战队第3两栖军和陆军第24军共4个师，在冲绳岛蜂腰部西岸的白沙海滩乎行登陆。因日军重兵置于岛南，抢滩美军没有受到坚决阻击。按"天号"作战准备的日军航空兵，发动了蓄谋已久的"菊水"特攻。"水上菊花"是日本14世纪著名武士楠木正成的纹章。楠木在众寡悬殊的战斗中有"七生报国"之语，意即与敌人同归于尽。

"菊水"特攻就是派出大批战斗机掩护各型自杀——飞机和"樱花"自杀弹（可操纵的载人大型机动作弹）轮番攻击美舰，摧毁美军停泊在冲绳海岸外的舰队。一俟美登陆部队失去舰队支援，守岛日军便大举反击，将登陆美军赶入海中。

4月6日，日军集中300余架飞机（其中半数为自杀飞机）向冲绳外海美54特混舰队发起空袭，这就是"菊水"一号作战。抱着"一机换一舰，名传千秋"的武士道观念的日本年轻飞行员，同美国水面舰艇展开殊死搏斗。美驱逐舰"纽康姆"号在黄昏时被3架日机撞中，火势凶通，黑烟滚滚，几乎成为废船，另一艘"柳特兹"号驱逐舰也被撞中，经抢救后，勉强拖往庆良间锚地。

日军从菲律宾战役时便实施了自杀攻击。美军研究了相应对策：在冲绳岛360°辐辏方向设置了16个雷达驱逐舰警戒哨，专门预警低主入侵的日机。因此，雷达哨舰首

▲ 美军防空火炮

当其冲地经受了日机的狂轰滥炸。在北方位置的"布希"号驱逐舰遭到四波共 40 ~ 50 架日机的攻击。它虽然奋力击落 2 机，仍为 3 机相继撞中，终告沉没。另一艘驱逐舰"科尔杭"号也被撞沉。"埃蒙斯"号快速扫雷舰击落 6 架日机后，竟挨了 5 架自杀机撞击，抢救无效，人员撤离后，为友舰击沉。许多日机被舰炮和美舰载机击落。到日暮时，美舰沉 6 艘、毁伤 10 艘。满载迫击炮弹的胜利级万吨军火轮"洛根"号和"霍布斯"号在庆良间锚地被炸沉。登陆部队因此而影响了攻势，使冲绳之战旷日持久。

4 月 7 日，300 余架日机再次空袭美舰队，重创了珍珠港事变中沉没后又打捞起来的战列舰"马里兰"号。航空母舰"汉科克"号也负伤，2 艘炮艇沉没。美海军官兵虽然估计到了日航空兵的自杀性袭击，然而他们来势之猛、攻击之疯狂、破坏之烈，仍令人胆战心惊。

"大和"号的末日

满载排水量 72 000 多吨的超级战列舰"大和"号静静地停泊在濑户内海的德山港中，它的 9 门 460 毫米大炮已经脱去了炮衣。舰内军官舱里进行着激烈的辩论：日军统帅部责成联合舰队司令长官小泽治三郎大将，派遣"大和"号开赴冲绳进行决死特攻。没有任何空中掩护，油料只够单程用。面对军官们的极力反对，舰队司令官伊藤整一中将宣布："执行命令吧！在此第一次世界大战，诸君恪尽职守吧！"

4 月 6 日下午，"大和"号在"矢矧"号轻巡洋舰和 8 艘驱逐舰的护卫下启航，投入一去不复返的悲剧性战斗。当夜，在丰后水道巡逻的美国潜艇"线鳍鱼"号发现了日本伊藤舰队，立即拍出电报。子夜，"大和"号驶过九川南端佐多岬。舰队司令伊藤转向西北航向，想走一条弧形航线，躲过美第 58 特混舰队的空中攻击，于 7 日黄昏扑向冲绳岛白沙滩外。老谋深算的米切尔中将获知情报后，把他的 53 特混舰队摆在冲绳东北有利阵位。7 日拂晓，一架美机发现伊藤舰队，米切尔马上下令三个特混大队的飞机起飞，全力攻击"大和"号。12 时 39 分，美第一攻击波 280 架飞机找到"大和"号后轮番投弹、投雷。"大和"号所有防空火炮拼命射击，连主炮也开了火。一枚鱼雷和两颗炸弹命中"大和"号。

"矢矧"号负伤，"滨风"号驱逐舰被炸沉。不久，第二、三攻击波接踵而至。美海军航空兵汲取马里亚纳海战教训。强化了鱼雷机的攻舰训练，集中攻击敌舰一侧，以造成敌舰浸水横倾。"大和"号左舷连续挨了5枚鱼雷后，严重横倾。日舰长为平衡计，竟下令注水淹掉该舰各舱中最大的右轮机舱和右锅炉舱。数百水兵惨遭淹毙。结果，横倾不但没纠正过来，反而丧失了右舷主机，使"大和"号航速大减。

当美第四攻击波106架飞机赶到作战海域时，"大和"号已经大火烛天。舰上到处是扭曲的钢板，甲板上溅满血迹。舰上医院被炸毁，医护人员同伤兵也都死掉。最后一架美机投完鱼雷后，横倾严重的"大和"号甲板几乎与海面垂直，军旗触及波涛，炮弹从炮膛中滑出，又引起一连串爆炸。经过两小时无望地挣扎，这艘堪称天下第一大舰的"大和"号终于沉沦海底。2767名官兵中仅269人免入鱼腹。另外，"矢矧"号等5舰同时被炸沉。"冬月"号、"初霜"号等4舰负创累累，逃归九州西岸佐世保港。

"神风"来袭

在冲绳南部防线上，牛岛守军凭借坚固筑垒阵地顽强抵抗。时值豪雨连绵，战线胶着，美军进展以尺寸计。大批支援舰艇摆在海上，成为日机轰炸的靶子。日军称自杀攻击为"神风"特攻。日军指望那些参加自杀攻击的年轻飞行员，能像"神风"挽回垂危的败局。日军共发动10次大规模空中作战，称为"菊水"1号至"菊水"10号。先后共有1400架自杀飞机和"樱花"弹投入"菊水"作战。此外，还有1000架次普通轰炸机和战斗机同时袭击美舰。在83天的"冰山"作战期间，美军官兵在冲绳海域胆战心惊，度日如年。那些不畏死亡的自杀飞机，随时会撞击舰艇的烟囱、主炮、战斗情报中心、甲板上层建筑和轮机舱。除了飞机本身和它携带的炸弹造成的破坏外，大量航空汽油溅到军舰上。造成了许多人员的烧伤。

美国海军同日机进行了勇敢的战斗。航空母舰上的战斗机日夜巡逻，甚至冒着己方炮火截击日机。冲绳岛的读谷、嘉手纳机场被美军攻占后，迅速修复，大批陆基飞机投入空战。舰队改善了统一射击指挥系统。舰炮大显发射近炸引信炮弹。舰艇按运筹学方法实施了正确有效地机动动作（大舰航向与飞机航向垂直，发扬多炮对空火力；小舰平行，减少敌机命中率）。防主作战的关键是派出预警雷达哨驱逐舰，它们与飞机的搏斗更是惊心动魄。

4月16日天刚亮，贝克顿中校的"拉菲"号驱逐舰的雷达搜索到大批目标。当时，165架日机正实施"菊水"三号特攻，"拉菲"号处在1号哨位，经历了血与火的洗礼。共有6架自杀机撞中它的射击指挥仪、后主炮、40毫米高炮、桅杆和舰尾，它还挨了两颗炸弹，居然奇迹般地没有沉没。"拉菲"号奋不顾身地还击，竟打落8架自杀机。最后，它终于瘫痪，伤亡达103人，被勉强拖到白沙梅滩修理。在冲绳战役的激烈海空战斗中，"拉菲"号是典型一例。除须毛未丰的年轻人外，许多经验丰富的日军空中老手也参加了自杀攻击。他们技艺高超，几乎每撞必中。一些帆布、木质结构的旧式飞机，由于无线电近炸引信对它们没有效果，它们造成的损害反而比先进的零式战斗机大，这真是一个历史的讽刺。

1945年6月22日，冲绳血战落幕，日32军及冲绳守备队共14万人全部"玉碎"，牛岛满中将和参谋长兵败自杀，在残酷的战斗中，美军指挥官布克纳尔中将战死，美陆军和海军陆战队战斗伤亡4万人，非战斗伤亡26 000人。美舰队始终坚守在冲绳海面配合岛上作战，因而蒙受了巨大的牺牲。舰艇被击沉30艘（其中9艘是驱逐舰），368艘被击毁击伤。海军官兵伤亡10 700余人。冲绳海战是美海军建军以来伤亡最惨重的一次战役。冲绳之战，使日本军国主义进一步加速走向全面崩溃。

沙场点将

牛岛满

牛岛满（1887年~1945年），是第二次世界大战结束前冲绳岛战役岛上日军第32军指挥官。牛岛满是九州南端鹿儿岛县鹿儿岛市人。1937年日本侵华战争开始，他在中国晋升为少将旅团长。1939年起他晋升为中将并担任日军精锐部队第11师团师团长，在华中地区及缅甸大战盟军数场。1941年起他被派回日本担任后备役军官动员训练学院院长。1943年他晋升为日军陆军官校校长。

之后前往琉球担任战事指挥官，冲绳岛战役战前日军精锐第9师团2万兵力自琉球被抽调，导致牛岛满仅余12万余兵力，而相对的美军则以18万兵力登岛进攻，但牛岛满仍运用有限的兵力据险死战。虽然牛岛满最终被登陆美军击败而切腹自尽，但此役使美军付出高昂的代价。而此役日军所发动的神风攻击和玉碎战，被认为是美国后来决定对日本使用原子弹的因素。冲绳岛战役失败后，牛岛满自杀而亡。

▲ 牛岛满

宇垣缠

宇垣缠（1890年~1945年）日本海军中将，有"黄金假面"的绰号，著有日本战时最详细的战时军事的日记《战藻录》。

冈山县赤磐郡人，是陆军大将宇垣一成、海军中将宇垣完尔的远亲，海军兵学校第40期出身（毕业时在144名同学中名列第9），和福留繁、山口多闻、大西泷治郎等是同期。日本海军大学校甲种科第22期。历任军令部参谋、驻德国海军副武官、第5舰队参谋、第2舰队参谋、海大教官、联合舰队参谋、海防舰八云舰长、战舰日向舰长、军令部作战部少将长，鼓动签订法西斯轴心国三国条约。后为山本五十六的参谋长和第 5 航空军司令。

伊藤整一

伊藤整一（1890 年～1945 年），旧日本海军第二舰队司令，自杀的菊水作战的最高指挥官。追晋海军大将。

伊藤整一 1890 年出生于日本福冈县三池郡高田町，1911 年毕业于海军兵学校 39 期（148 中第 15 名，同期生：远藤喜一、高木武雄、山县正乡、冈敬纯、角田觉治、原忠一）；1923 年海军大学 21 期次席。耶鲁大学学业，1927 年 5 月驻美国中佐武官，1931 年 12 月鹤见特务舰大佐舰长，1333 年 11 月开始历任木曾号、最上号，爱宕号巡洋舰舰长，36 年 12 月战列舰榛名舰长，1937 年 11 月 15 日～1938 年 11 月 15 日任第 2 舰队少将参谋长；1938 年 11 月 15 日在军令部任职；1938 年 12 月 15 日～1940 年 11 月 28 日任海军省人事局局长；1940 年 11 月 28 日～1941 年 4 月 10 日任第 8 战队司令官；1941 年 4 月 10 日～1941 年 8 月 1 日任联合舰队兼第 1 舰队参谋长；1941 年 8 月 1 日在军令部任职；1941 年 9 月 1 日～1944 年 11 月 18 日任军令部中将次长；1941 年 10 月 18 日～1942 年 6 月 1 日，1944 年 3 月 15 日～1944 年 11 月 18 日两度任海军大学校长；1944 年 11 月 18 日在军令部任职；1944 年 12 月 23 日～1945 年 4 月 7 日任第 2 舰队司令官；1945 年 4 月 7 日冲绳战役中旗舰"大和号"被击沉战死。

俯冲轰炸机

俯冲轰炸机，是轰炸机的一种，以高速俯冲方式攻击敌人的地面或水上目标，活跃于第二次世界大战中。由于载弹量较小，主要被用于战术轰炸，但亦可用于战略轰炸。

俯冲轰炸机在攻击敌方目标时，会以与地面超过 45 度角的方式高速向目标

▲ 无畏式俯冲轰炸机

俯冲，在距目标很近的距离上拉起飞机同时投弹。这种投弹方式的优点是，可以在保证投弹速度的情况下尽可能提高命中率。由于投弹高度低，其命中率较水平轰炸机提高了许多倍。此外，俯冲轰炸机亦无须安装复杂的瞄准系统或雷达。俯冲轰炸机在其顶峰时期被广泛应用于对重要目标，尤其是小面积或移动中的目标的攻击，以充分发挥其投弹准确度高的优势。

然而其优势也是有代价的。俯冲轰炸机为了实现高速俯冲的战术方式，气动结构的设计与其他飞机有所不同，在一定程度上会影响其飞行速度和飞航性能。而且由于其机体小，载弹量和航程也远不及战略轰炸机。此外，由于俯冲轰炸机需要向目标垂直俯冲，因此极易遭到地面防空火力，如高炮的攻击。多数俯冲轰炸机都配备有减速板，可以在俯冲时产生阻力，将速度保持在 250 节左右以保证投弹的准确性。第二次世界大战名的俯冲轰炸机有 Ju 87 斯图卡、九九式舰上轰炸机、SBD 无畏式等。

鱼雷轰炸机

　　鱼雷轰炸机是一种以空射型鱼雷作为主要武装、用于攻击水面船舰的轰炸机。但除了鱼雷外，此型战机也可在作战中配置传统的炸弹，故鱼雷轰炸机又可作为水平轰炸机用途。

　　鱼雷轰炸机是一种曾在第二次世界大战战前至战争期间颇为活跃的作战机种，并且在包括珍珠港事变等战役中具有关键性的影响。但是，由于鱼雷轰炸机独特的攻击方式所造成的高折损率，再加上反舰导弹这类武器的逐渐兴起，导致此类机种很迅速地在第二次世界大战结束之后就停止发展，并且销声匿迹。

　　后来兴起的反潜巡逻机、反潜直升机，取代了老式鱼雷轰炸机转型为反潜战主力机种，并配备了324毫米的轻型鱼雷。第二次世界大战知名的鱼雷轰炸机有九七式舰上攻击机、TBF复仇者式轰炸机、剑鱼式鱼雷轰炸机。

▲ 复仇者号鱼雷轰炸机在航母上着落

 **知识小百科**

琉球国

琉球国是琉球历史上第一尚氏王朝和第二尚氏王朝两个朝代的统称和共有的国号，也包括早期三山时代的山南、中山、山北3个王国（作为它们共同的对外自称）。

古琉球国的地理位置在中国台湾地区和日本九州之间，曾经向中国的明、清两代朝贡。遭受萨摩藩的入侵后也向日本的萨摩藩、江户幕府朝贡。古琉球国多次遭受诸岛外部势力的入侵，特别是1609年（明朝万历三十七年，日本庆长十四年）萨摩藩的入侵以后，萨摩藩控制并干涉了琉球国的内政。琉球国因其特殊的地理位置，以东北亚和东南亚贸易的中转站著称，贸易发达，号称"万国津梁"。

1871年，日本在全国实施废藩置县，琉球国被当作令制国编入鹿儿岛县。1872年，琉球国被改设为琉球藩。1879年3月11日琉球处分后，琉球藩被废除，编入鹿儿岛县，同年设置冲绳县。自此，日本兼并琉球，在原琉球国之领土成立冲绳县。

地理频道

冲绳岛

冲绳岛位于琉球群岛中央，地处日本西南，在日本本土和中国台湾地区之间，是群岛中的最大岛屿。北距九州岛约340千米，南北长约107千米，宽约31千米，周长约560千米，面积约1208平方千米，人口约122万。冲绳岛独特的地理位置使它具有日本少有的亚热带风光，岛上成林的棕榈树、槟榔树和沙滩、海水构成了一幅美丽的图景，这使它有了"东方夏威夷"的美称。

战役结果及影响

此次战役，日军 10 万守军，面对美军绝对优势的海空兵力和地面部队，在近乎孤立无援的情况下，坚持战斗 3 月有余，显示了日军抗登陆能力之高，战斗意志之顽强，同时日军所采取的战术，也为劣势军队组织有效地抗登陆战，提供了有益的经验，日军主要凭借坑道、天然岩洞和山地反斜面阵地，尽量削弱美军的火力优势，并积极开展近战、夜战，组织小部队频繁实施猛烈反击，消耗美军的有生力量，虽然守备部队和航空兵力在战役中遭受了严重损失，但为本土防御争取到了宝贵的备战时间，并使美军深刻意识到对日本本土的登陆将遇到更加激烈和残酷的战斗。美军在作战中比较重视夺取战区制空权和制海权，依靠其绝对优势的海空力量，在确实掌握了琉球群岛的制空权、制海权，切断对守军各种支援，并对登陆部队进行海空火力支援后，才实施登陆，为此，美军以航母编队和战略空军的 B—29 重轰炸机多次袭击日本九州等地的日军航空基地，由于日军在九州地区建有很多机场，而且分布分散，加上防空火力的有力掩护，美军的空袭一直未能将其彻底压制，所以美军的航母编队只得长期停留在冲绳海域，充当登陆编队的屏障，在日军神风特攻队的疯狂攻击下，蒙受了巨大的损失。

美军比较成功的是战役中的后勤保障工作，参战部队总数高达 50 余万，所有这些部队的物资供应，从飞机、大炮到炸药和汽油，甚至卫生纸、可口可乐到冰淇淋和口香糖，一切都是经过太平洋从美国本土运来的，工作量惊人之庞大，其中运输船队功不可没，他们冒着被日军潜艇和飞机击沉的危险，克服了潮湿炎热的海域长途航行中的种种困难，将物资源源不断送到前线，为战争做出了杰出的贡献。此外，美军首先夺取庆良间群岛，并将这个群岛建设成后勤前进基地，为参战舰艇提供就近的维修、补给和休整，也是非常明智而卓有成效的。冲绳战役和前不久进行的硫磺岛战役，使美军深深明白，如果要在日本本土实施登陆，将面对怎样的疯狂抵抗，美军参谋长联席会议估计，日本本土登陆，美军将付出 100 万人的伤亡，因此促使美国最终决定对日本使用刚研制成功的原子弹，以尽快结束战争。

美军拥有绝对优势兵力，掌握了制海权和制空权，选择了有利的登陆地段；但是，战术呆板，畏惧夜战、近战和攻坚，也未及时进行海上迂回。日军利用坑道和反斜面阵地，抵消美军火力优势，以近战火力和小分队夜间出击，顽强战斗达 3 个月之久；以"神风"自杀飞机为主击毁、击伤大量美海军舰艇，但陆海军及其航空兵行动不协调，并放弃了水际滩头作战的机会。